戰士化身
**炯炯女神**
Warrior to *i.Goddess*

# 我是如何瘋狂愛上自己？
*HOW AM I CRAZILY IN LOVE WITH MYSELF?*

**CELINE LIAO**

Make Love 做愛 | Sexual Energy 性能量 | Jealousy 忌妒心 | Ego 小我 | Relationship 兩性關係／關係 | Money 金錢

Karma 因果循環 | Sex 性 | Universe 宇宙 | Transformation 轉化 | Chakra 脈輪 | Subconscious 潛意識 | Food 食物

Surrender 臣服 | Love 愛 | Energy 能量 | Chi 氣 | Focus 專注 | Divine 神性／神聖 | Self-love 愛自己

Orgasm 高潮 | 當下／現在 | Inner Child 內在小孩 | Connection 連接 | Fear 恐懼 | Conscious 意識

Yin-Yang 陰陽 | moment／Now | 震頻 | Expectation 期待 | Awareness 覺知 | Freedom 自由 | i Goddess | Goddess 女神

Spirituality 靈性 | Oneness 合一 | Vibration | Nature 大自然 | Inner-self 本我 | Intuition 直覺 | Overthinking 過度思考

Unconditional Love 無條件的愛 | present | Meditation | Inner peace 內在平靜 | Empathy 共情 | Light 光

Mind 心智 | Who are you 你是誰 | Brainwash 洗腦 | Heart 心

# 目次

# 作者序

————

我有一個美麗的外表，看似柔弱與需要被保護的樣子，相反地，我的內心剛強，做決定跟行為模式，完全像男生，像一個戰士，甚至有強烈的慾望想保護男生，保護人類。

在我踏上靈性的道路（spiritual path）前，所有的時間及精力都花在證明自己的能力，取悅別人，渴望掌聲及認同。在紐約工作五年，成為該公司第一位臺灣人管理層，在香港擔任過一家公司的執行長，運營過一家國際性的慈善機構。這些日子裡，即便身體每下愈況，最後患上憂鬱症，當時我常不自主的掉眼淚，或突然呼吸困難，都沒想過要花時間及心思照顧自己的健康。

別人的眼光及評價，塑造我穿了一件金縷衣的假象（illusion），我一點都沒意識到金縷衣裡的我，是不健康的身體、渙散的靈魂，混亂的思緒及一顆從沒平靜過的心。

我在二〇一六年十一月，開始了靈性之旅（journey）。旅程中，我了解到我的價值是內在而生，外在的一切只是附和內在反應而起舞，自我的內在能量可以扭轉外在乾坤。

這過程開啟了我的女性能量，我深深體驗（experience）到女性能量的強大。身為女性，我想透過這本書，分享我的經驗，希望可以得到共鳴。我沒有用很深奧的字句敘述我的經驗，希望女性了解自己是誰，

知道什麼是愛，了解宇宙是多麼厚愛女性。與女性能量連結後，我終於不用隨時處於備戰狀態，我的愛與包容，溫柔地穿透每一個人的心。我現在每日都是奇蹟、愛及驚喜。

二〇一七年五月我參加了 Simon Stidever「激活 DNA 課程」，在冥想的時候，我看見自己是一個太陽，沒有評判和選擇性的，照耀著每一個人，每一個人都面帶微笑，在冥想後立即畫下了這張圖——

二〇一七年八月，我開始有很強烈的意念想寫書，對我來說最大的挑戰，就是專注力。我從小學到研究所一直面臨的學習障礙就是無法專注，不僅上課無法專心不知道老師在說什麼，考試題目要看好幾次才看懂，所以常常考卷寫不完。國中入學智商測試，我拿了八十三分，我以為我腦袋瓜有問題，非常自卑。國三時，我時常是班上最後一名，讀大學時每學期都面臨二一被退學的壓力。到現在我都不知道我研究所是如何畢業，有時還會做夢，自己還沒完成研究所的課程，沒有畢業。無法專注是我的天敵。

寫書正是考驗我與天敵和平共處並將其漸漸殲滅的過程。很多人問我說，分享可以透過網路，為什麼一定要寫書？其實，只是一個選擇，我沒有給支持這個選擇任何的理由，一心只想堅持這個選擇。二〇一八年的六月，和朋友聊起，他知道我要寫書之後，不斷鼓勵我，協助我發現心中的盲點──害怕別人批評我寫的內容。回到初衷，這本書是為我自己寫的，記錄並分享我的經驗，不是為了迎合別人的觀點。

過程中，我心的聲音不斷與心智／小我（mind／ego）吵架，內在完全無法平靜，直到我開始認真聽心的聲音，讓我處於平靜的狀態，我漸漸地愛上我自己，原來心的聲音是我的直覺才是真正的我，恐懼漸漸消失，在一切都變得如水晶般清楚（crystal clear）之後，有了很多靈感，在三個月的時間內，完成了這本書。

我本身並不喜歡看書，一直在想用什麼方式去表述，會讓這本書充滿驚喜，於是，我用「心的聲音」代表「女神」，「心智／小我的聲音」

代表「我」（Celine）。其實兩個都是我，每天我心的聲音跟心智／小我的聲音，都會吵架千百回，光是一個簡單的行動（例如：何時回覆訊息或在訊息中什麼措詞才恰當？），就要想很久，有時候行動後，很快後悔，舉棋不定耗盡我的能量。

我上了很多心靈及個人發展課程，看書，Google 或 YouTube 查資訊，參加心靈療程，發現所有的一切終歸同樣的源頭，那就是本我，生活中或外在世界發生的每件事，都是每個人的內在投射，雖然我們無法控制事情如何發生，但可以選擇如何回應這些事。回應一件事的方式有很多種，任何一種回應都可能改變事情發展的軌跡，我們負載超強的神性力量（divine power），只是沒有去發掘它，所以並不知道它的存在，或者，就算知道它的存在，也不知道如何運用。過去，我不斷埋怨別人，現在，我不斷練習與本我連結，觀察內在反應。我體悟到所有事件的發生都是宇宙最美麗的安排，內在平靜（inner peace），讓我的創造力不斷延伸。

這本書完全不涉及任何宗教，我所提到的神性，是自然的力量，每一個人的神性是與生俱來，我們是宇宙的一部分，跟著自然法則運行，宇宙是一。

這本書不只寫給女性，也給男性，每個人身上都有神性女性能量（divine feminine energy），女性能量如同一把無形寶劍，運用得當是一種智慧，是一股超凡力量，達到陰陽平衡。

炯炯有神是描述一個人的眼睛清澈明亮，眼睛是靈魂之窗，充滿愛的

靈魂，透過眼神流露出愛，不需要言語，傳遞給他人。「炯炯女神」是「炯炯有神」與「女神」的合體字。

i·Goddess，「i」代表「我（I）」及「天賦、智慧」（intelligence）的i，就像 iPhone 的 i。我想要傳達的訊息是所有轉化都是由「我」自己開始，我用我的智慧，創造自己的世界，周遭發生的事，我要負全然的責任，我是創造一切的源頭，我就是女神。

書中有一些文字敘述，標示了英文，因為接觸靈性的課程及資訊，都以英文為主，我也希望你拿到這本書時，跟這些字句的英文有所連結。

第二個部分，是食物的真面目，每個人都會透過食物補充身體的營養及體力，以前我對食物營養的認知有偏差，食物對我來說，只要可以果腹或美味就好了，後來才認識到食物有更多靈性上的意義。Saptarshi Mukerji，因為媽媽曾經得乳癌，透過飲食療法及心情的調整，現在已經痊癒。Saptarshi 為了媽媽，開始對食物有深度研究，對分享食物如何帶給人們健康及能量提升有極度的熱誠。他給食物新的定義，除了你認知的食物，連呼吸時的氧氣都是提供身體無形的養分及能量的來源，Saptarshi 希望透過他的分享，讓你認識到食物的重要性及對身體的影響，你所吃的食物會影響你的能量，變成你的一部分。人如其食——you are what you eat。

第三部分，隨意手記，大部分先以英文撰寫，是我心的聲音，每一個短句都有背後的撰寫心情。

第四個部分，是我想對拿到這本書的讀者所說的話。

報章雜誌及媒體會把一些女明星稱為「女神」，讓大家誤解長相美麗，才是女神，因而對這個詞產生全然的誤解。女神與長相及外在完全沒有關係，每一個女性都是女神，只要可以喚起妳的女性能量，對自己充滿著愛，對別人充滿愛，透過與自己的心連結，認真聽心的聲音，每一個女性都是女神。

兩年前我開始練習冥想，每次在冥想的最後會感謝自己。我會不斷地說「謝謝 Celine」，但是，我很不自在，覺得生活如此混亂，垂頭喪氣，一點都不快樂，如此糟糕的 Celine，有什麼好感謝的？想稱讚自己，更是說不出來。直到我的女性能量被開啟後，我漸漸與本我連結，我內在有豐盛的愛，這些愛不是家人、朋友或別人給的愛，而是內在流露出的愛。我愛我的心，我愛的靈魂，我愛我的身體即使不豐滿，我愛我的幽默即使別人聽不懂，我愛我的創造力即使別人不懂欣賞，我愛我吃飯時狼吞虎嚥即使不夠優雅，我愛我亂丟衣服習慣即使不整潔，我愛我的慵懶即使不成事。

我現在常常在無意識的狀態下對自己說——Celine 我愛妳（Celine, I love you）、Celine 妳好棒（Celine is amazing）、謝謝 Celine（Thank you, Celine）。這些是愛內化的行為。

愛別人之前，先愛上自己吧！
Love yourself first before you love someone else!

我深深地愛上自己，全部的自己！

I am deeply in love with myself, all of me ！

# 感謝

最先閱讀初稿的人是我家老爹及媽咪。我提及憂鬱症、被性侵、性能量，與摯愛做愛。媽咪問我有沒有考慮用筆名，或刪除露骨的部分？我理解媽咪的顧慮，我把自己赤裸放在陽光下，她擔心我受傷、被批評。我告訴她，如果用筆名，出版這本書就失去了意義，我不想躲藏，不想逃避，所有黑暗的過去，傷痕累累的心，那都是我。如果大家跟我有類似經驗，我想讓大家知道，即使一切看來如此不堪或不被社會認同，那些都不能影響我成為最好的自己的勇氣。我真心感謝所有給我功課的人。

我跳躍的高度來自於人生功課的強度。

感謝老爹及媽咪無條件的愛，永遠支持我這個想法與別人不一樣的小孩。我常有奇異的想法而興奮不已地跟他們分享，他們總是和我一起興奮，我知道有時候他們根本不知道我在說什麼，但卻總是用心聆聽，我的啦啦隊隊長就是老爹及媽咪。

對老爹、媽咪、姊姊 Pei Pei 及哥哥 Ryan，我無盡地感謝家人的愛與支持。

# I

## 與女神對話

Conversations
with i·Goddess

"Of course the mind can rationalize fighting back...but the heart, the heart would never understand. Then you would be divided in yourself, the heart and the mind, and the war would be inside you. " ——Dalai Lama.

達賴喇嘛，在公開演講中，有人問他，為什麼西藏不站起來反抗，爭取權利。達賴喇嘛說「你的心智當然可以合理化反抗的行為，但你的心永遠不會明白為什麼這樣做。你的心智與你的心會在你的內在分裂，一直戰爭，從此內在沒有平靜」。

# i

---

**Celine**：妳是誰（who are you）？

**女神**：我是妳的「心」（I am your heart）。

**Celine**：妳一直存在（exist）嗎？還是現在才出現？

**女神**：我一直都存在，只是妳沒留意或忽略了（not aware or neglect）。

**Celine**：妳的聲音是從心臟發出的聲音嗎？

**女神**：我不是具體的東西或器官，妳聽到的聲音不是從心臟發出的聲音。

**Celine**：我不懂。我知道心臟位在胸腔左側，那妳在哪裡？

**女神**：製造愛（generate emotion of love）的地方，我不在一個確切的位置，我在妳的全身流動著。大部分時候在妳胸腔的位置，當妳感受到愛，妳會覺得心的位置（heart space）有一股暖流，那就是我當下存在的地方。

既然沒有固定位置，我在哪就不重要。妳只要知道如何感受（feel or

sense）我的存在（existence），我的聲音是妳心的聲音（voice of your heart），內在的聲音。

**Celine**：妳說的是感受，所以我看不見妳？

**女神**：是的，妳看不見我。

**Celine**：我們有什麼不同？為什麼妳的聲音這麼重要？

**女神**：我的聲音是心的聲音，充滿愛、傳遞愛、給予愛、直覺的聲音，是一種內在智慧（inner wisdom），不會有內疚（guilty）的感覺、不會批評好壞對錯，我的聲音，是內在的一部分，所以與他人無關。

妳的聲音是心智／小我的聲音，會非常在乎他人的想法，自己的形象，不斷和他人比較，想要取得認同，肯定及掌聲，大多是基於恐懼，有很多的擔憂、批判、選擇，分析與懷疑。

我的聲音不會主導妳，是中立的態度，包容、有耐心，讓一切自然發生。心智／小我的聲音是主導及控制，無法信任與放手。

當妳越意識到我的存在，妳越感受到平靜。

妳想聽見我的聲音嗎？

**Celine**：我想聽見妳的聲音。我想感受平靜（feel stillness or calm）。

但我不知自己是否做得到，每一刻我的頭腦有千萬思緒，該如何平靜，才能聽見妳的聲音？

**女神**：只要妳關閉心智與小我的聲音，就會感受到我，聽見我的聲音。

**Celine**：妳若是無形（invisible or intangible），我如何與妳對話？

**女神**：與我對話，不需要發出聲音。

**Celine**：那我們如何溝通（communicate）？

**女神**：此時此刻，妳如果感受到我的存在，我們已經開始溝通了。

**Celine**：我們的對話旅程何時開始？

**女神**：已經開始了，妳有沒有意識到妳所處的「當下」（present moment）？

**Celine**：我漸漸感覺到妳的存在。我不懂什麼是當下。我們的對話會越來越難懂嗎？

**女神**：妳不需要懂任何我說的，放輕鬆（relax），只要去感受。

與我對話就會像呼吸（breath）一樣簡單，不須抱任何目的（purpose）與期待（expectation），妳對此時此刻發生的情境，沒有專注體驗，

而是想著我們的對話會在未來的某時某刻發生。

妳的心智愛問為什麼，也很愛思考分析（analytical mind），當妳的心智不停轉動時，妳會錯過最珍貴的當下。

妳可以專注了嗎？

**Celine**：太難了。

我從小有嚴重的學習障礙，在課堂的時間，除了身體在教室裡，大部分的時間，心思是在另一個世界神遊，完全無法專注聽老師上課，從國小到研究所十六年當學生的日子，基本上是身體在課堂靈魂不在。

**女神**：妳說的都是過去的事。過去無法專注，不代表現在也無法。如果妳有意圖（intention）聽見我的聲音，妳就會專注。妳可練習專注，只要妳願意。妳願意練習專注嗎？

**Celine**：願意。

**女神**：專注很簡單。只要妳意識到當下，而生命的事件是每一刻的當下連結而產生的。如同呼吸，妳從不會關注在未來某時某刻如何呼吸，而只是專注當下的呼吸，沒有當下的呼吸，未來根本不存在。未來與當下不相關聯的，因為未來不一定發生，也不一定依妳的期望發生。這樣的比喻妳就應該明白，人生只有當下。只有專注，才能體驗當下。

**Celine**：我清楚了。

我第一年在紐約工作時，因為憂鬱症引起經常性的呼吸困難，有幾次在搭紐約地鐵時突然無法呼吸，我當下專注屏著我以為的最後一口氣，一直到地鐵的下一站，走出車廂後深深吸一口氣，像是撿回一條命。

又有一次，我坐巴士從屏東到臺北，接近林口交流道的時候，突然覺得呼吸困難，趕緊走到司機旁邊，說我要叫救護車去林口長庚醫院，請他一定要停車，結果司機真的在交流道處停了巴士，所有的乘客都陪著我下車。有一位阿嬤一直照顧著我，幫我刮痧，呼吸到了新鮮空氣後，覺得舒服一些，後來我沒有到醫院。

回想當時，我完全不管車上的人怎麼想，在那個時候的當下，只想活著。每一次經歷呼吸困難時，我知道我只有當下。那一段時間的症狀讓我十分恐懼生命會即刻消失，現在與妳對話，才領悟那是一段寶貴的經驗，一呼一吸，只有當下。

**女神**：這是很寶貴的經驗，雖然讓妳充滿恐懼，但是妳要知道的是，生命很強韌，不會輕易消失。即使經過很多年，這個經驗感受仍在，每當妳忘記什麼是當下，妳可以喚起心智的記憶。

過去（past）的經驗，是重新體驗生命熱情（passion）的一種延續（extension）。我並不是要妳將過去的經驗帶到未來，或即使活在現在也無法忘懷過去。

**Celine**：我困惑了。我的未來不是完全受過去的影響嗎？如果我不將過去的經驗帶到未來，那該如何處理我的過去？傷痛的過去又該如何忘記？

**女神**：生命看似由過去與未來所組成，因為有時間（time），所以有過去及未來的概念。

如果我要妳把所有的記憶都做好標記，妳會想用哪些元素？

**Celine**：我會用時間來標記，人、事、物，及當時的心情。就像寫日記一樣啊，總是先寫時間。

**女神**：為何會想標記時間？

**Celine**：我想記錄過去某個時間點的事件發生，對現在的我有什麼影響，未來做決定時可以有一個依據。

**女神**：妳記憶中的過去大多是快樂喜悅或傷心痛苦？

**Celine**：傷心痛苦！

**女神**：為什麼都是傷心痛苦的記憶？

**Celine**：因為如果類似的情境於現在發生，傷心痛苦的記憶就不斷地被勾起，過去無法解決，現在也似乎如此。

**女神**：所以過去的經驗是強化妳的力量（empower you）還是削減妳的力量（disempower you）？

**Celine**：削減我的力量。傷心痛苦的經驗不斷累積，一想到未來可能會發生類似情境，我就充滿恐懼。

就像我在紐約工作時，一直覺得被歧視，身為亞洲人，無論如何優秀，得到的評價總是「亞洲人很認真工作」，一點都不像是讚美。朋友問我想不想再回紐約，我的回答是「不會」，過去的經驗，讓我預期如果再回紐約，在工作上，白人對亞洲人的歧視不會改變。

所以我覺得過去的經驗是決定未來的基礎。

**女神**：妳認為過去影響未來？

**Celine**：當然。現在所有的行為都是受過去的經驗所影響的，不是嗎？

**女神**：我現在要說的，或許會改變妳的想法。

這是心智認知的錯覺，若將時間切割成妳所可以度量的秒，每一秒都是獨立的，這一秒的存在並不決定下一秒存不存在，也就是妳有可能沒有下一秒，妳無法改變過去發生的事及當時的情緒。但妳可以選擇（choose）如何體驗當下的每一秒。只有享受在當下，妳能體驗自由，妳的自由，不是因為外在的人、事、物給妳的，而是一種選擇。

當妳再次悲傷痛苦時，每一秒專注在妳的呼吸之上，專注在妳所做的事情上，只有當下的瞬間讓妳感受生命力及奇蹟。妳的未來是每一個當下堆砌，如果當下充滿生命力及奇蹟，那妳的未來又何嘗不是？

如果妳可以選擇如何過每一秒，妳會選擇糾結的情緒還是平靜？

**Celine**：平靜。但平靜不是一種情緒啊？

**女神**：是的。我要妳每秒選擇的不是情緒而是狀態，也就是無論妳的情緒或感受是喜怒哀樂，妳都是平靜的，情緒桎梏（constrain）了妳，平靜的心給了妳滿足感（fulfillment）。

**Celine**：妳是說不要有情緒嗎？

**女神**：若當下妳覺知到情緒，可以下一秒選擇平靜而不是情緒。妳還是可以有情緒，關鍵在於選擇桎梏還是滿足感。

**Celine**：難道快樂的情緒也是桎梏？

**女神**：是的。快樂的情緒會帶給妳對下一秒的期待，期待快樂延續，若下一秒不是快樂，妳便立即陷入失望難過，所以是一種桎梏。

**Celine**：那什麼是平靜的狀態呢？

**女神**：專注在呼吸就是體驗平靜的狀態。

活在當下的狀態，需要專注，是百分之百為自己負責，不在乎他人的眼光，只留意身體及情緒內在的反應，就像妳在巴士及紐約地鐵上的經驗一樣。專注呼吸是感受平靜最基本的練習，呼吸是人類維持生命的一種習慣行為，當妳可以把當下的每一個行為，都像呼吸一樣自然反應，就可以隨時體驗平靜。

**Celine**：我懂了。

**女神**：妳現在還認為過去影響妳的現在甚至未來嗎？

**Celine**：我現在知道只有當下，不過還是不知道如何運用它？

**女神**：這只是開始。當妳深刻地了解並練習只有當下，妳的心與心智是一致的（heart and mind in alignment），如此我們合而為一（integrated），沒有戰爭，內在就會平靜。

**Celine**：我會練習「活在當下」（living in the present moment）。

**女神**：我不斷提及「練習」（practice）一詞，是因為這麼多年來，妳的心智已經有固定的思維及行為（behavior）模式，潛意識（subconscious）或無意識（unconscious）地驅使妳的行為，必須不斷訓練意識（conscious），有了新的行為，才能打斷固有模式（break the patterns）。

練習一種有意識的行為。

**Celine**：什麼是潛意識，與意識有什麼不同呢？

**女神**：所有過去、今生或前世的行為、習慣及對經歷過的事及感受都會被存在潛意識中。潛意識中就像一個超級資料庫，妳對當下每一件事情的反應，多數來自過去的經驗及習慣，且大部分妳會選擇以悲傷跟負面的情緒面對。一般來說舊有模式多是憤怒、悲傷、無奈、自我傷害、無自信、否定自己、不安全感（insecure），這些變成妳自然而然且無法控制的情緒及行為。

意識，只要專注於想改變舊有的行為，而思考及行為就可控、可轉化的。

**Celine**：與 W 交往時，他沒有工作，我一直在金錢上支持他。四年中，每當他從外地與我聯繫，雖然滿心期待想跟他講話，但總有恐懼他是要向我拿錢，就算不是這次，也會預想下次他一定會跟我要錢。從此我再也沒有用心經營這段感情，以及與 W 的一切互動，我滿滿是把錢丟進無底洞的恐懼，是我的潛意識塑造我的行為及情緒。

我該如何打破我的舊有行為模式？我不想再有恐懼，如果以後我交往的男生也一樣需要我的金錢支持。我要如何處理？

**女神**：妳有意識到潛意識對妳有多大的影響嗎？妳的恐懼會吸引這樣的事不斷發生，越是抗拒不想發生的事，腦中會不斷重複過去發生事件的場景，過去的經驗被喚起，思緒及情緒會將妳帶回過去，此時身體的頻率處於恐懼的低頻，即使生活一切美好，處於高頻，當妳多

數時間處於低頻，一旦外界同樣有低頻事件在找尋出口，就會與妳對頻，類似情況就會再發生，例如吸引喜歡的男生跟妳借錢，或在財務上需要協助。所以不要抗拒事件的發生，而是堆高自己的智慧及覺知，即使將來發生類似情況，妳都可以阻斷潛意識所反射的舊有行為，因為舊有的反應將驅使妳無法創造新的情境。試想如果每一個事件的發生當下，妳可以注入新的意識、新的能量，雖然舊有行為會再被啟動，但次數越來越少，終究新的模式會被不斷創造，且越來越輕鬆。

**Celine**：我要如何有新的意識？

**女神**：聽過洗腦（brainwashing）嗎？

**Celine**：有啊！從小到大我一直被叮嚀及灌輸不要被洗腦。現在妳提到這一個詞，我就有先入為主的觀念／意識，被洗腦是一件不好的事。

**女神**：有留意到妳的潛意識正在驅使妳過濾（filter）一些訊息嗎？妳剛剛說的都是指「被」洗腦，我只說洗腦，也就是妳可以替自己洗腦，也可以選擇如何被洗腦。

相不相信妳所處的環境及世界處處都充滿洗腦的訊息且不停地穿透妳的潛意識。如果妳沒有操控妳的潛意識，其他人就會操控它。例如所有的廣告或電影都是一種洗腦。如何重新程式化（reprogram）妳的意識並替自己洗腦，我會教妳幾個方法，但必須勤奮地練習，有意

志力地花費至少二十一天的時間，讓妳的心智形成全新的信念體系（new belief system）。不斷地重複（repetition）是關鍵，潛意識非常強大也非常脆弱，在沒留意的情況下甚至睡覺時，潛意識會記錄下訊息，像錄音或錄影系統，所有妳生命中的記憶、經驗就像無形的影像存在潛意識中。潛意識控制妳百分之九十五的生活，讓我們形成習慣（habit），人類是習慣的動物，妳今天說的話或做的事，部分是與昨天一樣的，只有百分之五是意識控制。

而潛意識無法分辨什麼是真實（reality），什麼是想像（imagination），重複性可以為潛意識產生新的信念，即使剛開始覺得是強迫（force），妳一直重複所想的人或事，最後這些會被妳吸引過來，也就是吸引力法則（law of attraction），妳可以吸引一種狀態、一種情境、人、事件，主宰妳的用字及思緒，妳的思緒（thoughts）充滿活力的能量（dynamic energy），會吸引妳所想。潛意識是慣性，妳反覆同樣的思緒，這就是為什麼現況（reality）不斷重複發生。

**Celine：**也就是改變我的思緒就可以改變現況？那我要如何重新程式化我的潛意識？

**女神：**妳可以試試以下幾個步驟。我稱之為「興奮程式」（excitement program）——

一、拿出一張紙，詳細寫下任何妳想的，可以是一個生活狀態、想所發生情況的相關人、事、物（如房子、車子、人等），總之就像水晶球般的清楚。

二、將這些具體化如妳已經擁有這一切妳想要的，並且在腦裡像電影一般播放，就像是真的一樣，因為潛意識無法分辨什麼是想像，什麼是真實，必須二十一天重複在腦裡播放。

三、減少觀看新聞及手機至少三十天，減低負面影響，提高妳的振頻（vibration），聚焦能量。

四、寫下簡短的堅信（affirmation）字句，以表述妳在第一步驟所寫的。一次次重複默默念著妳的堅信陳述並且開始堅信這些現在正在發生。如此持續二十一天，保持一種已經擁有它的興奮狀態。

**Celine**：與妳分享我的「興奮程式」。我用「國王」來代表我的人生伴侶。

我與國王互相信任，支持彼此夢想，無論人生起伏，我們無條件愛著彼此，分享生活，保護彼此，深深愛著彼此。國王的唯一是 Celine，也只深深愛著 Celine，一起冥想，一起練瑜伽，一起下廚，一起旅行，一起做很多事，尊重對方，給對方空間，給彼此很多讚美。走在路上十指緊扣，性關係及親密關係達到身體及心靈的能量交流與緊密結合，享受性能量的歡愉。國王對 Celine 溫柔體貼，十分寵愛 Celine。

我們對彼此充滿無條件的愛，關心及同理心，良好溝通，無私的分享，我們愛對方的家人，互相激勵對方，支持對方盡情發揮天賦，勇於做自己、愛自己。我們身心健康，分享共同遠見（vision），影響世人，我們讓彼此成為更好的人，在熱情與夢想上得到很大的滿足感。我們

過著豐盛滿足的生活，住在三千呎的房子，兩個健康有愛的小孩，美滿的家庭生活，有滿滿的愛及源源不絕的財富並樂於分享給他人。在不同國家有強大體系與網絡影響他人。我們對自己充滿愛，滿出來的愛，用以愛著他人，彼此在心靈及實際生活有很強的連結。

國王及 Celine 有熱愛的事業及工作，並得到滿足感及成就感。我們握著彼此的手一起成長一起面對生命的一切。我們用愛與微笑融化他人的心。我們是化身來分享愛的。

**堅信表述：**國王與 Celine 屬於彼此、深愛彼此，「愛」是國王與 Celine 創造一切及分享一切的來源。

**女神：**宇宙收到妳的訊息了，照我所說的步驟做，每天觀察有何變化，記住妳現在已擁有這一切，心情是興奮和愉悅的。

**Celine：**謝謝！我做完練習了，但怎麼還沒有遇到喜歡的男生呢？

**女神：**做練習是為了讓妳感受能量聚焦在一件事情上。妳的信仰系統已經重新程式化，國王就在妳的潛意識裡，當振頻不斷提升，就會吸引跟妳一樣高振頻的男生。振頻的提升需要完成很多內在的功課，振頻越高，吸引的國王就會越像妳「興奮程式」中所述，甚至完全符合。

給自己時間吧，對自己要有耐心，不間斷地修養身心靈（body, mind and spirit），並相信宇宙會在最恰當的時機，安排妳與妳的國王相遇、相戀。

# ii

---

**Celine**：可以解釋什麼是「能量」嗎？

**女神**：妳說呢？

**Celine**：水的流動，風的吹拂，海浪的拍打，事實上，所有會動的物體都是能量驅動的。

**女神**：這些只是感受能量的一小部分，所有你看得見的一切都是能量體，包括桌子，椅子，車子，植物，天空，雲，空氣等等。縮小範圍，我要說的是氣（Chi），給予生命的能量，氣是中國及日本描述能量的另一種說法，結合身心靈，這裡的心是意識下的心智。當能量消失，生命也結束了。

**Celine**：我非常喜歡《功夫熊貓3》（Kung Fu Panda 3）這部電影。故事中當 Ki 取了靈界大師們及烏龜大師的氣，所有大師失去了生命變成硬石，最後 Ki 想再取主角熊貓 Paul 的氣，所幸熊貓家族及 Paul 的朋友聚集為他集氣，Paul 最終在連結（connect）到這些氣之後，保持住生命並變得更強大，也瞭解如何精通（master）氣的使用。這是我對氣最深刻的瞭解及印象。

那我要如何感受到氣或能量呢？

**女神**：妳知道妳本身就是個能量體嗎？

**Celine**：我想是吧，否則我也不會活著。但我總覺得能量像是一種概念（concept），我無法感受它的真實存在。

**女神**：妳總希望任何東西是可以看見、可以觸摸才是真實存在，如此便不斷向外（externally）尋找答案。其實答案就在妳身上（within you）。

氣是充滿活力的能量，結合了身心靈，妳的意識，妳健康的身體及好的體態，有愛的心靈。妳強大的氣不只在身體流動運作，最後體現在外的就是高功率氣場（high-wattage aura），妳的氣場有不同的頻率（frequency），氣場頻率高時，容易與很多不同人連結（connection），妳會吸引他人的目光，並且感染他人。

**Celine**：但是我不喜歡與人互動太多，我總覺得與他人分享太多的自己，他人會評判我，或對我做出不好的事，所以我喜歡保持神祕感，戴著面具才不會讓他人猜透我在想什麼。

**女神**：妳不是不想要與他人互動，妳只是想要操控（manipulate）與他人互動的方式及事情發展的方向。

**Celine**：我有位朋友 M，她老公癌症生病了一段時間，M 花盡心思照顧他，在一次送醫急救中，M 十分擔心老公恢復的狀況，詢問了一個「通靈人士」，她老公是否會在這次急救中平安出院？通靈人士說只

要他有意念活著，就可以平安出院。M 當時不知道是什麼意思，只是期待老公盡快康復，但最後她老公還是離開了人世，M 一直很難過傷心，無法理解為何不很嚴重的身體不適，卻讓老公離開了自己。後來在整理遺物時，發現老公生前已與別的女子在一起多年，M 不知情，她老公一直深愛 M，但也因為同時有了其他女人，對 M 充滿愧疚，所以最後一次入院後，默默決定要放棄生命。我想就像妳說的，放棄了生命，氣就沒了，生命力（life force）就消失了。

**女神**：主宰生命的是自己啊，愛自己生命的意念永遠都要堅持到底，有沒有百分百地珍惜生命只有自己知道。當他人為妳祈福（blessings）就是集氣或能量的一種，他們的氣是外在能量，如果自己沒堅持，珍惜生命的分秒，妳的氣會不知不覺產生一種頑強的抗拒（resist），他人為妳祈福的氣就無法和妳的能量連結，再多的集氣與祈福都是沒用的。

亦即，妳是自己「氣」的大師（you are a master of Chi）。

**Celine**：我要做什麼練習，才能感受氣的存在？

**女神**：冥想（meditation）是感受氣的其中一個方法。如果想知道如何感受氣／能量，可以試試下面步驟──

一、移除身上的首飾、金屬物件並將手機關機。
二、手掌合十祈福（blessings）。
三、手掌上下合在一起，感受能量。

四、手掌上下左右慢慢分開並慢慢合起，每一次分開合起約十秒，感受有何不同。

妳正在感覺氣的層次。拍手三次並摩擦手掌約十秒，重複動作，將氣召喚到手掌中，因為妳的心智專注在手掌中。記住將妳的手呈現弓狀並放鬆，妳應該感覺到有一個無形的能量球在手掌間，就像一個有磁力的球，感覺一下手中的球有多大，專注地感受手中的能量。如果妳與朋友一起做此練習，不要比較手掌間能量球的大小，每個人的領悟與當天的狀態不同，感受的能量大小也會不同，沒有好壞之分。當強烈的氣在妳身體流動時，妳會感覺身體很溫暖或麻麻的，有時妳的身體會顫抖，或擺動。

有感覺到氣嗎？

**Celine**：有的，很奇妙的感覺。

**女神**：當妳心智專注在一個意念或一件事情上，那個意念或那件事情就充滿能量，如此重複，心智就會自然反應出妳的意念及想發生的事，能量聚集時，妳自然而然會採取行動（take actions），妳期待的事也就會發生。不過要記住，所有意念都要基於一分善意、善心，不可傷害他人，否則會有因果影響。

**Celine**：知道了。目前為止，我了解的東西越來越多，我們的對話是宗教、哲學、心理或科學嗎？

**女神**：為何要把我們的對話分類呢？妳習慣把「所有」（all）分類，好壞、對錯、美醜、成功失敗、有錢窮……當妳把所有歸類，貼標籤（label），就限制所有的可能性，在聆聽與體驗所有時，從預設好的類別去期待發生的軌跡，如此會扼殺（kill）很多可能性（possibilities）。現在妳要練習不分類，所有人、事、物、知識都被不分類。

**Celine**：好。我開始不把訊息及所有人、事、物、知識分類。我發現沒有被分類的世界，每天都有新鮮的事情發生，想到就讓人興奮不已。

妳提到因果，什麼是「因果循環」（Karma）？

**女神**：佛家有一說：「你最終傷害自己，如同你將沙拋向逆風又回到你身上。」（you harm yourself, as dust thrown against the wind comes back to the thrower.）

因果循環是一個行動（action），是一種意念（thought），是一種言語（language）表達在產生或執行後的結果。好的因果循環（good karma）是無私（selfless）、沒有小我（egoless）並充滿愛的行動、意念、語言；相反地，不好的因果循環是自私（selfish）、小我並充滿憤恨的行動、意念、語言。

例如有一個人，他想做慈善，但行動的意念是希望社會認同他的愛心及德高望重，所以每次捐錢或參與慈善活動總是想操縱參與的方式與

他人對自己的看法及評價，恰恰沒有一次如願。每次參與完活動總是不開心，覺得浪費錢，白費時間，反覆糾結在別人如何說他？下次要不要再參與？如此從自私的意念出發所採取的行動，在內心產生的糾結及不快樂就是一個因果循環。

很多人以為因果循環種下不好的因，在來世（next life）或地獄（hell）才會受到處罰，其實所有的處罰都是在今世就會收到，就像一個人搶了錢卻沒有被抓到，但是內心的不安與擔憂就是一種懲罰，內心沒了自由，即使身體是自由的，都如同生活在地獄啊。

如果妳的行動及意念充滿愛與善意，也沒被小我驅動，那在行動後，妳的內心會充滿滿足感及喜樂，那樣的狀態只有在天堂有，而妳體驗到現在就像是天堂，不用等死去以後，妳此刻就在。

**Celine**：我之前參與一個幫助兒童的慈善機構，當初是充滿自私的想法，一想多拓展社交圈，二覺得參與慈善很酷。後來這個機構的董事請辭，我接任了董事職位，腦子裡不是想如何幫助孩子們，而是如何讓個人履歷看起來更迷人。我的自私及小我，讓我在成為董事後，這個機構因沒有新的捐款並用盡所有善款，導致很多資助個案必須暫停。我始終為四年來因工作繁忙，自私的出發點，無法兼顧維繫慈善機構的運作而掙扎、愧疚不已。

我現在了解到，是我將沙丟向了自己。

**女神**：妳現在已經可以在我與妳對話完之後，有所覺知（awareness）

並檢視過去的行為，有所體悟。自我覺知是轉化的第一步（self-awareness is the first step of transformation）。

**Celine**：我的覺知感的確變得敏銳了，那代表什麼？

**女神**：覺知是一切轉化的開始，就像妳一直在黑暗的房間，但自己並不知道，所看見、聽見、感受到的都是舊有經驗的反應及認知，這些是盲點（blind spot），但妳看不見。當妳看見自己的盲點時，如同房間被點亮般，妳知道如何讓自己不在房間裡跌跌撞撞。妳的覺知就是發光體，當有覺知，即使在黑暗中，妳也不需任何需要光束來確保房間存在的東西，妳不需要火炬來確認自己是否存在於黑暗的房間裡。妳開啟覺知的光，才能看見跌跌撞撞的障礙，妳總會找到適合的方式或渠道，以移除或跨過障礙。

轉化是一個動詞，妳不是在原地不動地祈禱事情的發生，就會轉化。想要轉化就必須有執行力（execution）、採取行動，如果妳在我們對話中所得到的訊息，沒有去練習、去執行，這些訊息終究將只成為好的概念，但對妳生命的影響十分有限，吸收大量訊息最多只能讓妳成為一個很好的老師。但只有將這些訊息運用在生活，妳才能由舊有的境界（realm）轉換到新的境界，運轉世界（rolling the world）。

**Celine**：如果我的覺知很薄弱，對事情的發生領悟力不高，對我的影響是什麼呢？

**女神**：影響所有在妳身上發生的事。若有不如意，妳只會埋怨他人

（complain），指責對方（blame），覺得自己很沒用（useless）或內疚，自己是失敗者（failure），並不斷生氣或傷心，這些都是暗室的障礙物。當覺知薄弱沒有發光，妳以為抓住的是條蛇，覺知發光後，發現手中的只是一條草繩，草繩不會傷害妳，是妳蒙蔽雙眼所假想出來的恐懼、不安及自我否定將暗室的空間全塞滿了，妳沒有空間走路而被困住時，覺知的光就有機會被迫開啟，妳可以選擇現在開啟覺知或等完全被困住再開啟。

開啟妳覺知的光，看清楚眼前的障礙物，或許這些障礙物都只是幻覺。

**Celine**：在 T 集團工作的第三年，我負責人力資源及招聘。每天早上大約八點半進公司，看很多的簡歷，集團內的不同職位從投資銀行的負責人、祕書、銷售部門主管、法律合規部主管、客戶經理、基金經理、研究員、交易員、交割部、財務部、營運部、保險業務主管、地產業務主管，我有過幾個禮拜面試上百人的經驗，每個員工入職離職發薪都由我經手，我成為專業招聘人員，負責人力資源部的大小事。

後來我跟老闆說我喜歡房地產業務，老闆也讓我負責，除此之外，每天要參加很多不同會議，真正可以靜下心工作時，已經快下班了，工作壓力很大。週末老闆發訊息給我，從收到訊息的那一刻，無論是在與朋友吃飯或其他活動，我立即陷入焦慮。

有一天老闆問我到底想做什麼，只要說出集團中任何一個職位，他都可以考慮。我想了一想，竟然沒有任何想法，在集團三年多，我當過

公司的執行長，做過法律合規部主管、財務部主管、財富管理主管、房地產部主管、人力資源部主管……但是我完全回答不出自己想做什麼，也不知道自己對公司的價值是什麼。看似俐落的外表，內心卻毫無自信與空洞，我並不快樂，我沒時間運動，快速老化的身體與皮膚也無暇照顧。

在感情生活上，W和我住一起，很長時間了，我們各自睡自己的房間，在一個屋簷下的生活並沒什麼互動。我們也不會一起用餐，大部分時候我是吃完晚餐才回家，家裡除了每兩週的星期日有人來打掃，維持一天的乾淨，其他日子，家裡都凌亂不堪，廚房總有幾天未洗的餐具，W在客廳丟滿衣服、襪子、鞋子、吃完食物後的器皿，我已經不想收拾了，也放棄溝通，回家後跟他打聲招呼，說幾句無關緊要的話，就走進房間。我們是男女朋友，冷淡的互動卻像室友，甚至更不如。他對喜歡的女生說我們是室友，我也不太在乎。我每天都很晚下班，我不知道是真的很多工作，或只是不想回家，這裡的氛圍讓我覺得是一種折磨，我的心生病了，對生活及生命完全失去熱情，我內心一直希望他喜歡上別的女生然後搬離，我無法與他生活了。

每天除了睡覺，另十五個小時的每分每秒都是掙扎，都是虐心，我不敢離職，我不敢提分手。我被困住了，連困獸之鬥的力氣都沒了，只是消極地等待外面世界何時改變，我便能脫身。

我的生活被所有的狀況困住了，我在暗室多久了？我也不知道。我想開啟我的覺知的光，我想看清楚我眼前的障礙物，我覺知的光呢？

**女神**：妳說呢？閉上眼深呼吸，感受何時開始責怪 W 讓妳的生活不開心？

**Celine**：有一天我接到一通來自泰國曼谷的電話，是一位女生，說是 W 的女朋友 B，問我和 W 的關係，我說我是 W 的女朋友，B 說 W 告訴她，我們是室友。雖然我一直懷疑 W 去曼谷找工作的理由不單純，我還是相信他，沒想到支持他的決定，居然是在曼谷有女朋友，跟 B 說完電話後，我的心都碎了，我悲慘的生活都是 W 造成的。

**女神**：閉上雙眼深呼吸，感受何時開始責怪工作讓妳的生活不開心？

**Celine**：當公司有人員變動，我總得接手離職同事的職務，大部分的工作都需要重新摸索，工作量不斷增加，工作不斷犯錯，有時是真的不懂，有時是自己不用心。每次開完會總是提心吊膽，擔心老闆不滿意我開會的表現，說了不該說的話，或者是有其他同事不滿我處理事情的方式，向老闆告狀……我分分秒秒提心吊膽，不是怕做錯事、怕被扯後腿，就是怕老闆生氣，員工離職也是我的錯……只要公司發生任何事，我都要負責。在這份工作上，我的自信是偽裝的，我的內在價值是空的。

**女神**：當妳在說和 W 的關係與工作時，聽起來妳覺得自己充滿委屈。

**Celine**：不是嗎？我付出這麼多，大家都覺得理所當然。

**女神**：都是他們的錯嗎？妳不需要為這些情況負責任嗎？

**Celine**：我為什麼要責任呢？

**女神**：妳開始責備埋怨他人，妳渾然不知妳在暗室，當然一點覺知都沒有。妳要知道，所有外在世界都是自己心裡的投射（your world is the reflection of who you are），妳的行為吸引他人如何對待妳，回應妳（you attract people how they treat you, respond you）。

**Celine**：我是在一個活動上遇見 W 的，他剛好與朋友來這一家餐廳酒吧消費，我在離開時遇見 W，當時一見鍾情的火花，讓我留下與他聊了幾句。我們都曾經待過美國科羅拉多州（Colorado），他是一所大學的風雲人物，美式足球校隊的四分衛，領獎學金，學校提供生活費，當晚他就像一道光充滿自信，我深深被吸引，但我現在才知道，我只是被表象所吸引。

當時單身的我，同時有三個約會對象，一位是律師，一位是幫企業做資產重組的金融菁英，W 的工作是休閒渡假業。後來選擇了 W，不是因為他最適合我，而是他最迷人。我從沒有認真認識過 W，就跳進了愛情，幾個月後，他被公司開除，我叫 W 搬過來跟我一起住，當時他已經失業一個多月，我從沒想要金錢資助他，只覺得他應該有儲蓄，找到工作就好了。沒想到搬來幾天後，他向我要錢，說是去曼谷找工作，我掙扎了一下，心想他很快會找到工作，為了證明我是大方的女友，我並沒拒絕，從那天起就是惡夢的開始。W 連續四年沒有工作，我就是他的提款機，無論他在泰國、美國、香港，我都要設法將錢送到他手上。給了他錢，我很氣自己，不給他錢，內心又掙扎難過，我病了，如此無覺知地在一個可怕又可悲的循環而走不出去，明知道

不想如此做，卻連堅持立場的底線及勇氣都沒有。

**女神**：有沒有留意到妳在講 W 時，妳是用抱怨的語氣？

妳覺知到什麼嗎？從一個觀察者（observer）的角度，站在遠處，高處，看著自己人生的這部戲，再重新敘述妳的經驗。

**Celine**：與 W 在一起的我很沒有自信，他是我的第一個男朋友，我完全不懂愛，不懂如何愛人及被愛，聽到其他女生的名字，馬上架起防衛，妒火蔓延，越燒越無法收拾。我比較了自己與 W 的前女友或泰國女友，我不想輸給對方，不斷地付出、給予，似乎給他財務支持是我證明價值的方式。我們一起旅行或是他與朋友出去玩，我都全力滿足需求，為了有更充裕的錢，還做高風險的投資，最後都血本無歸。是我自己讓 W 養成這些習慣，我是唯一該負責任的人。

**女神**：妳說到了重點，妳的確是在這些事情上唯一該負責任的人。在此妳提到 W 時，是以檢視自己行為的角度在陳述，當妳開始觀察自己內在世界做出的行為及決定時，抱怨不見了。沒有埋怨及責備他人，是一種覺知，暗室的燈就漸漸亮了。

妳還覺知到哪些？

**Celine**：
一、沒有自信（no confidence）

二、不懂什麼是愛（don't know what is love）

三、不懂愛人（don't know how to love people）

四、嫉妒心（jealousy）

五、總想證明我很重要（always want to prove I am significant）

六、不斷付出，沒有底線（always give and no boundary）

七、容忍度高（high tolerance）

八、我是唯一該為我人生負責任的人（I am the only person taking 100% responsibilities of my life）

九、想操控與改變對方（manipulate and fix others）

十、不懂愛自己（don't know how to love myself）

十一、害怕失去（afraid of losing）

十二、很少稱讚對方（rarely give people credits）

十三、喜歡取悅他人（like to please people）

十四、不清楚自我價值（no self-value）

十五、心裡有懷疑與委屈也不跟對方溝通（lack of communication）

十六、愛比較（like to compare to others）

十七、我不值得擁有（I don't deserve it）

**女神**：很好。有了覺知的光而看見暗室裡的障礙物，若沒有採取行動將障礙物移除，一切也只在「知道」的層面。有了覺知並沒有辦法因此而轉化妳的生命，如何轉化是需要學會使用不同的工具移除這些障礙物。

**Celine**：我不知道有什麼工具可以移除這些障礙物，可以與我分享嗎？

**女神**：妳知道妳這些行為反應最根本的問題在哪裡嗎？雖然妳列出了十七項覺知，或說是盲點，最根本的根源其實只有一個。

**Celine**：只有一個，也就是說我只需要移除一個障礙物？

**女神**：指出幾個障礙物並不重要。如果障礙物讓妳產生極大的痛苦而最終產生想要轉化的強烈意圖，才有可能真正轉化。因為轉化過程要面對很多自我挑戰，若中途因為沒有看到結果而放棄了，轉化的機會就不存在。

**Celine**：那個最重要的根源是什麼？

**女神**：妳不知道如何愛自己（self-love）及肯定自我價值（self-value）。如果妳現在做的事情不是妳喜歡做的事，表示妳並不愛自己，妳還沒有發現自己的價值。

**Celine**：愛自己是一種自私的表現嗎？我一直以來的觀念，要先為他人付出，幫助他人，讓他人快樂，最後才想到自己，再求回報。

**女神**：我問妳，每當妳在付出的時候，妳是不是對對方都有期待，期待對方回應妳，認可妳的付出與貢獻，感謝妳，希望對方因此而開心或認同妳，甚至轉而回饋妳？

**Celine**：我的付出都不是對方的要求，是我主動覺得這樣做是為對方好，對整體情況是最好的，一旦有這樣子的認定，就會開始想盡辦法採取一些行動，讓對方看見我的付出。

記得某一個公眾假期，我回公司加班，那段時間工作量並非一定要加班不可，只是我想討好老闆的行為。那天早上出門後因為心思渙散，扭傷了腳，拐著腫起來的腳去公司工作了一個小時，離開時腳已經不太能走路了，才趕緊去看醫生。後來我也沒請一天假，照常上班、開會，受傷期間老闆一直問我何時會痊癒？雖然我表面不說，但一直想著，難道老闆不知道我是因為假日加班才受傷的？是不是應該表現出關切並且讓我放假？我的腳傷大概在兩個月後漸漸好轉了，但這段期間，我一直覺得我是犧牲者（victim），難道別人沒看到我是犧牲者

而給我特別的關注？所以我內心有很多的埋怨。

**女神：**妳沒有事先料理妳的傷處，這是愛自己的表現嗎？去加班，是妳自己的決定，為何受傷了還埋怨他人不夠關心妳。腳受傷不方便行動，為何又不在家休息？妳是犧牲者，誰叫妳犧牲了？

妳的潛意識及舊有的行為模式一直想要取悅他人，獲得認可，所以把自己的身體健康及精神狀態放在一個完全忽略的狀態，妳把他人對妳的評價凌駕於一切之上，超越了健康的重要性。如果妳請幾天假在家休息，妳覺得這是愛自己還是自私？

**Celine：**我覺得是自私的行為。如果沒有去工作，安排好的工作和會議就沒有人進行，老闆想找我處理事情的時候，我也不在他身邊。

**女神：**妳是不是有想請假在家休息的念頭？

**Celine：**是的。我沒有這樣做的原因，是他人會因為我沒有去上班而受到影響。

**女神：**強迫自己上班的那幾天，妳的心情如何？

**Celine：**我的身體與心理都承受很大的痛苦及不悅。

**女神：**妳請假是為了個人利益嗎？或是可以從他人身上得到什麼好處？

**Celine**：都不是。

**女神**：所以妳請假休息，就不是個自私的行為，而是為了讓身體恢復到最佳的狀態，才可以更有效率地工作。

在任何妳自己決定的情境下，如果有一絲念頭覺得自己是這個情境下的犧牲者，這是一種覺知。妳必須停下來，仔細思考妳對這個事件的努力，是不是因為妳有期待。

**Celine**：我懂了。一旦我覺知到我有不愛自己的行為，我必須先安靜自己的腦袋，想想我目前的狀態是——

· 消耗，或增加我的能量？
· 讓我失去自己，或盡情做自己？
· 帶來壓力，或讓我成為更好的自己？
· 會拿走，或帶給我健康、快樂、滿足感？

如果我很愛自己，很輕易就有了答案，我知道該採取什麼行動。

**女神**：非常好。

**女神：**妳曾是一家公司的執行長，為什麼社會地位及影響力對妳來說非常重要？

**Celine：**因為我想要幫助很多人，當一個人的社會地位越高，影響力越大，可以幫助的人就越多。

**女神：**社會地位及影響力和妳可以幫助的人有多少，沒有絕對相關性，有多少能力，做多少事。這世界上沒有人需要幫助，當妳有了想要幫助他人的念頭，事實上妳覺得妳擁有的比他人多，在潛意識投射出來的是優越感（superior）。世界上的每一個人，都是平等的，無論他們是貧困、生病、身體的缺陷、精神上的受傷、失去，或不快樂都和妳沒有不一樣，在真正想伸出援手前，必須接受與擁抱他們的全部，妳能給予和付出的，並不是因為妳擁有比較多，或者是擁有他們沒有的，因為當妳伸出援手時，潛意識已經把妳從本來應該平等的位置，往上拉提，因為無意識下的優越感讓妳覺得可以幫助他們。我現在要講的是主動與被動的關係。

在妳的人生旅程，妳會遇到不同的人，他們在人生的不同階段，可能面臨貧困、生病、不快樂，之所以會與妳相遇，是因為他們熱愛生命，所以吸引充滿愛的人靠近，是他們主動散發著對生命的熱忱與渴望，而吸引充滿愛的妳，所以彼此相遇了。不是妳主動伸出援手，而是你們互相吸引。在這樣子的狀態下相遇，你們是平等的，並不是因為妳

比較優秀、富有、有知識，而是妳感染了他們，讓他們變得更好，讓他們真正體會到為什麼要熱愛生命。所以妳不需要主動，而是隨時充滿了愛，這些人就會走向妳，你們讓彼此成為更好的人，妳的成長來自對方的成長。幫助他人往往是單方面思維，詞典上的解釋，「幫助」這個詞是提供他人服務或資源使他人更輕易、更可能達到目的。面對一個完全不熱愛生命的人，有時過度幫助一個人，會讓他完全失去生存能力與成長空間。因為妳隨時將食物掛在一個人的嘴邊，這個人就會失去獵食的能力，不但沒有成長，也消耗了妳的精力、金錢，與時間。

每個人出現在妳的生命裡，都是妳的鏡子，妳也是他們的鏡子，妳若是充滿愛的人，妳就會願意在他們的身上看見可以學習的地方，因為妳接受了他們的全部；當妳成長後，在鏡子裡妳投射回去讓他們看到的也就是充滿愛與成長的他們。

所以，有社會地位及名氣光環的人，不代表他們是充滿愛的人，就算他們到處行善，如果不懂幫助人的本質，最終也只是為了滿足社會對他們的期待。

**Celine**：我明白了。但是有點困惑，如果說不要幫助他們，當走在街上，看見無家可歸的人在乞討，我給了一些錢，都不算在幫助他們嗎？

**女神**：妳要從另外的觀點去想這件事情，妳給他們錢的行為，只是因為妳內心充滿著愛，滿出來的愛，妳想要與他們分享，而選擇透過錢這個媒介。

**Celine**：我從來沒有想過幫助他人的這份意圖，背後隱藏著這麼多的自以為是，重點是我並沒有覺知到，在語言上一個動詞，轉換成另外的動詞，就會扭轉身體所有的能量。看是同樣的行為，向外投射出來的卻是完全不一樣的東西，如妳所說，如果不是說我要幫助他人，而是說我愛他們，那對方所感受到的是我的愛，而不是因為我覺得他們欠缺了什麼。

可是我又不認識這些陌生人，我要如何愛他們呢？

**女神**：妳先練習愛自己，讓自己對自己充滿了愛，當妳再經過這些人面前，與我分享，遇見這些人的剎那，妳所流露及投射在他們身上的是什麼？

**Celine**：是愛。

為什麼「愛自己」這麼重要呢？

**女神**：我講的愛自己，不是指金錢和財富、美貌、身材、名利等這些表象（superficial）的東西包裝自己，而是內在的層面，自我價值的認定，自信（confidence），尊重自己（self-respect），原諒自己（self-forgiveness）都是愛自己的一種表現。

妳清楚知道妳不想待在充滿負面能量的環境裡，或者和不尊重妳的人在一起，妳自然就會選擇遠離他們與這個環境。當妳忽略自己的感受時，也忽略了內心最需要的一個元素，那就是愛。先學習會愛自己，

才懂得愛他人，愛妳的人生，懂得給予自己，才有能力給予他人。當妳愛他人的時候，不一定得到相對的回應，但是因為妳十分愛自己，所以任何人的評判或回應，對妳都沒有影響，因為妳的愛不是從外在而來，而是妳自己就可以對自己充滿了愛。當妳有滿滿的愛時，自然而然滿出來的愛就會滋養（cultivate）他人，他人就會感受到妳的愛，妳不需想盡辦法去表達，但是滿溢出來的愛驅動了妳的行為，妳開始關心他人、感覺他人的感受、打開心扉去聆聽他人的聲音、願意分享妳脆弱的時刻、開始不想偽裝自己，開始在任何人面前感到自在而不擔心他人如何評斷妳的言論及行為。

當妳十分愛自己時，身上就像有了金鐘罩，所有負面能量的人、事、物都不會影響到妳，妳在任何狀態下都是很自在也充滿喜樂的，即使他人不認同妳的行為與做法，妳都用妳的愛與同理心（love and compassion）去回應。當妳充滿愛的時候，就像是一道光，當黑暗的環境下有了光源，所有的人都會走向那個光源去探個究竟，當妳是那道光源，他人就會走向妳，想要了解妳，想多花一些時間和妳在一起，想知道如何和妳一樣成為一道光，這都是因為妳有滿滿的愛吸引著他們的。

懂得愛，妳成為愛的時候，妳不再尋找愛、追求愛、渴望愛。因為妳本身就是愛（you are love）。

**Celine**：那我要如何愛自己呢？

**女神**：首先，妳必須愛自己現在的樣子，沒有自信、隨波逐流的個性、

不健康的身體、憤世嫉俗、孤獨、沒有錢、沒有成就、充滿恨、沒有安全感、沒有一份穩定的工作、沒有找到人生的伴侶、不清楚自己喜歡男生還是女生……無論如何，妳必須接受現在的狀態，不要否定自己，因為現在的狀態是覺醒的起點，當妳不喜歡現在的樣子，只會收集更多不喜歡自己的地方，如此，離愛自己的距離就會越來越遠。

妳可以做「愛自己」的練習──

一、列出喜歡自己的地方

個性、強項（strength）、天賦，並將這些部分，盡情發揮至極致。

二、列出不喜歡自己的地方與經驗

擁抱自己的不討喜之處及陰暗面，告訴自己沒有關係，這些是寶貴的經驗，因為有陰暗面，才有光明面。

三、照顧自己的身心靈

由內而外，心靈層面的包括閱讀、冥想、聽音樂等等，身體層面的包括健康飲食（不抽煙，少喝酒，少吃油炸，少吃加工食品，少吃隔夜食品，多吃蔬果，多吃纖維質，喝大量的水，吸收大量膠原蛋白），運動（跑步、爬山、瑜珈、健身、快走），規律的生活習慣，定期保養肌膚與維護髮型整齊並使其滑潤、光亮，每天穿上用心挑選的衣服，保持清爽的外在，走路抬頭挺胸，腰桿挺直。

吃下的食物會成為身體的一部分，食物也是一種能量，選擇什麼食物吃下肚子很重要。少吃肉，因為動物，雞禽被屠宰前，他們充滿的恐懼與不安會留在肉品中，變成食物，讓妳的身體無形中吸收這些能量。多吃從地球母親這塊土地生長出來的蔬菜、水果，可以帶來好的食物因果（good food karma）。關於「食物的真面目」，會有更多分享在後面。

好的氣場除了能量外，還包括妳的身體，這個為妳執行生命任務的工具，他是能量及靈魂的家。一旦家支離破碎，好的氣與能量會漸漸散去，所以身體這個家是聚氣的地方，有足的氣，就會吸引財富及豐盛（fortune and prosperity）。

四、培養自己的興趣

花時間投資在自己身上，例如旅行、烹飪、唱歌、跳舞、釣魚、爬山、畫畫、SPA、進修課程等等。

五、停止與他人比較

每個人都是獨立的個體，都是唯一（unique），也是特別（special）的，所有好壞都是相對性的（relatively），因為沒有絕對的好與壞。當妳花了很多能量在比較，就會疏忽了愛自己，比較之後，妳只想成為那個絕對的好，而失去了自己原本的價值，只為了成為他人眼裡那個絕對的好。當妳不再從本我的價值去展現自己，就會漸漸忘了妳是誰。

## 六、重複對自己肯定的字句

每天重複閱讀，把它錄音下來，睡覺的時候也播放著。

我就是愛，我散發（radiate）愛，我是光，我是最棒的，我的自信來自於自己，發生在身上的每一件事都是最美妙的安排，感謝我的人生充滿奇蹟，感謝我現在所擁有的一切，現在的困難是讓我成長的基石，我愛我自己現在的樣子，我的人生如此美妙，我的人生如此豐盛，我從不感到匱乏，我有源源不絕的資源，宇宙給我滿滿愛的能量，我有能力發現自己的價值，我很清楚自己的價值，我愛自己的身體，我愛我銀行帳款的數字，我愛我的生活環境，我愛我的家人及朋友，我愛那些曾經傷害過我的人，我愛那些曾經給我功課的人，我愛那些曾經幫助過我的人，我愛我的生活，我愛我所有認識及不認識的人，我不斷散發愛的能量，我是愛的發射臺，我謝謝我自己。

## 七、別做無謂的忍受

當他人跨越了妳的底線（bottom line），妳的身體、情緒開始受到影響，妳就要發出聲音（raise your voice），與對方溝通，甚至要求對方不要再往前跨一步，而妳也可以選擇轉身離開。

## 八、先原諒自己，再原諒他人

世上的事情沒有對與錯，即便妳當初做的決定，讓妳痛苦或後悔不已，可是那都是在當時的情境下，妳最大的努力做出來的決定及回

應，妳必須接受當時的自己並原諒自己，這樣的痛苦及對自己的折磨就此停止不再延續。

對方的行為也是在當時的情境下做出的最適當的決定，他沒有意圖要傷害妳，甚至有些人做的決定是為了保護和愛妳，只是因為這決定不是妳預期的，所以妳的覺知被蒙蔽了，覺得深深受到了傷害，但妳必須要接受並且尊重對方的決定，原諒他帶給妳傷害及痛苦，並承諾從今以後不再背負著這個傷害走向未來，或影響當下的情緒。

原諒自己並且原諒他人，是將自己放出自己所建構的籠子，從此肩膀上不會承載一件件自己傷害自己的事件、一件件他人傷害自己的事件，一切都放下，將這些事件、痛苦的回憶及傷害留在籠子裡，把籠子拿來關痛苦的回憶及傷害，而不是妳自己，如此便能自由自在地飛翔。

九、管理好金錢及財務

很清楚自己的收入、支出、資產與負債。金錢並不能買到快樂，但是當妳在金錢的使用上是沒有憂慮的，就可以專注在自我的學習及投資在自己身上。

十、定下自己的規則（create your own rules）

不受社會價值觀的影響

十一、百分之百負責自己的感受

妳的力量來自於自己而非外在的人、事、物,沒有人可以影響妳,妳主宰自己如何回應他人或其他事情的方式。

十二、保持微笑

微笑不需要原因與理由,是一種發自內心的喜悅。

# iv

---

**Celine**：記得我和 W 交往的時候，常常為了他而拒絕朋友的邀約。有時他選擇我不愛吃的食物，我也從來沒說。因為每個月的薪水大部分給了W，我的財務並不寬裕，有一段期間，我的銀行帳戶只剩幾仟港元，所以我減少了很多自己的慾望以及想要做的事情，漸漸地，我越來越不認識自己，我的生活以他為中心，我把自己關在籠子裡。

後來我發現自己對金錢的觀念有問題，常常吸引一些要向我借錢，或要求我提供財務支持的人。我的問題到底出在哪裡？

**女神**：妳對於金錢的信仰系統是什麼？

**Celine**：我覺得愛錢的人都是自私及貪心的人；錢是萬惡的淵藪；賺錢很簡單，錢再賺就有了。

所以我對他人很大方，我很怕被說我很愛錢、小氣、貪心、自私。很有趣的是我對他人很大方，對自己卻很小氣，常常捨不得坐計程車，買最便宜的東西而不在乎品質，用了很久的東西，不適合了，也捨不得丟。

**女神**：錢是能量（money is energy）。當妳對錢的信仰系統是負面的，錢就會離妳遠去，既然不會把錢花在自己身上，自然而然會吸引一些人想要從妳的身上把錢拿走。而且妳沒有珍惜自己辛苦賺來的每一分

錢，也就是不珍惜自己的價值。現在，非常好的是，妳有意圖要打破在金錢上的舊有思考模式。

首先，妳的金錢信仰系統已經在潛意識裡很久了，所以先為自己洗腦，用新的信仰系統取代舊的信仰系統——

一、使用紅色或接近紅色的錢包，最好是長皮夾。放一萬港元現金在皮夾裡，九十天內不可以使用。目的是為了要讓妳克服弄丟現金的恐懼，每次打開皮夾時，就會看到鉅額現金，潛意識會被訓練而產生自己是富有及豐盛的能量。

二、用紙寫下在財務上及生活上想要達到的狀態，越詳細越好。連續寫九十天不間斷，如果一天沒寫，就從頭來過。當妳每天寫，能量會聚焦在金錢上，在這個練習的當中或之後，如果有人再想向妳借錢，妳就不會這麼輕易答應對方。

三、將每月收入使用做適當的分配。

• 捐助給慈善機構
• 投資在自己身上（例如上課、置裝、SPA，做指甲等等）
• 財務自由帳戶（此帳戶的錢只進不出）
• 存款帳戶
• 買金額較高的東西（例如車子，旅行，家具，電氣、投資金融商品或房地產、生活必需品）
• 房租和貸款等等

四、創造被動收入（passive income）。例如房子的租金收入，定期存款的利息，版權收入，經銷商收入等等。

# V

Celine：「我是誰」？

**女神：**很棒的問題，大部分的人都不知道自己是誰，生活在困惑中，人云亦云，對於外在的評價特別在乎，只要有任何負面的評價，信念馬上動搖，開始懷疑自己，做決定時三心二意，偽裝自己。

宇宙創造妳的時候，賦予妳力量，妳很清楚妳是誰，以妳為中心，妳畫圓，從小圈圈不斷擴大成大圈圈，甚至沒有邊界。隨著時間，因為教育，因為社會的價值觀、宗教的信仰、朋友及家人的影響，妳漸漸用他人、外在的事物為中心畫圓圈，當這些圓圈越來越大時，妳就漸漸被淹沒在錯雜交疊的圈圈裡，連天賦本能都失去了。

如果妳很清楚知道妳是誰，與自己的價值，所有外在發生的萬事萬物，將被以妳為中心的大圈圈所涵蓋住，在妳的圈圈裡發生的一切，出現的所有人，也都是因為妳知道妳是誰而出現，讓妳更清楚自己的價值，而不是動搖妳的價值。

回歸到妳最初的本我，妳出生時本充滿著愛，創造力，好奇心及自信。長大的過程中，妳內在的小孩漸漸被教育及社會價值觀而扭曲了，天生所擁有的一切，被牢牢地鎖在潛意識裡，只要願意再次喚醒他們，妳就知道妳是誰，從此妳不願意成為他人期待妳該成為的樣子，也不想努力成為他人，或心目中的偶像，因為妳就是自己的偶像。因為深

深愛著自己，妳充滿愛，妳是宇宙的唯一，感激自己的存在。

**Celine**：記得《功夫熊貓 3》裡，Paul 的師父告訴他，「我不是想把你變成我，我是想把你變成你。當你真正知道你是誰，就是可以發揮身上的功力到最極致的狀態。」所以當 Paul 的家人及朋友都知道自己是誰，所有聚集起來的氣甚至可以影響到靈界。

我明白了，不是只有我知道我是誰就可以，同時要影響家人及朋友去認識自己，了解自己的價值，如此每一個人都可以把自己的功力發揮到最大，一起的力量對整個世界產生正面的影響。

若要知道我是誰，必須先學會愛自己，當我能自由自在地飛翔，才能知道自己可以畫的圓圈圈有多大有多遠，才有清晰的思緒，去觀察自己所有的行為，喜好，發掘自己的天賦，我滿出來的愛，也影響他人開始發覺如何愛自己，了解自己是誰及自己的價值。

**女神**：是的。妳已漸漸有所悟。

**Celine**：妳叫我不要比較，但是我常常無意識地與他人比較，而且很容易產生嫉妒心。

大學的時候，我很喜歡班上的一個同學，我知道他也喜歡我的，但是我們並沒有因此而成為男女朋友。是因為後來我發現他與隔壁班的一位女生也很要好，心裡十分難過，因為我一直和對方比較而產生了嫉妒心，後來就沒再與這個男生有太多近距離的互動。

我在美國的時候，與一個在臺灣的朋友一直在心靈上互相支持，雖然一年才見一次面，可是我非常喜歡他，我們遠距離互動將近七年，我從來沒有勇氣問他有沒有女朋友，到了二〇〇八年我決定為他回臺灣，卻知道他快要結婚了，我的心像被撕裂開來一樣，強烈的嫉妒心吞噬了我。

後來認識的 W，也在交往沒多久後，發現他有其他女朋友，我又開始比較了，妒火再次被點燃，讓我瘋狂地想盡辦法把 W 贏回來。難道停止比較，消除嫉妒心，是我人生的一大課題嗎？否則為何在我的兩性關係裡，這個課題不斷重複地出現來考驗我？

**女神：**是的。嫉妒心是妳在與他人比較之後有的情緒反應，通常會產生憤恨，不安。

當妳不是百分之百愛自己時，妳會在無意識的狀態下，不滿意自己的身材、長相，現在所處的生活狀態，包括感情、工作、財務狀況。當有一個比較的對象出現在妳面前，妳就會將對方變成假想敵，對自己的生活產生威脅。有時候妳的敵人不是只有一個，同時間與不同的人比較，因此耗盡能量在比較，而不是專注在自己，讓自己變得更好。

當妳有嫉妒心，馬上進入一個保護及防衛的機制（protective and defensive mode），並且對自己與他人開始產生不信任感（no trust），行為會呈現出兩種反應，一種是很積極地改變自己，想辦法讓自己變成對方的樣子或狀態，另一種就是把自己渺小化（minimize yourself），不斷評判自己的不足，而難過自己永遠沒有辦法與對方一

樣，於是陷入了無底的深淵。

無論妳的行為呈現哪一種反應，即便妳成功地變成他人的樣子和狀態，那些都不是妳自己，從此妳就陷入了比較然後改變等無限循環（unlimited circle）中，永遠覺得自己是匱乏的。妳的力量不是來自於匱乏的感覺而去努力爭取的，而應該來自於內心本我的價值肯定，及不斷發掘自己的天賦與熱情，並且將之發揮至極限。

**Celine**：這真的是太難了，我常常希望那個被比較的對方不存在，那我是不是就不會有嫉妒心了？

**女神**：妳有嫉妒心與對方的存在並沒有關聯性。妳以為有關聯性，其實是沒有自信心，才容許嫉妒心吞噬了妳的美好。如果夠愛自己，甚至不會花時間與精力去和對方比較，因為妳是唯一，從來就不曾存在比較的問題。只有相同的東西才能互相比較，兩個完全不同成長背景的人，無論如何比較，只會讓妳有意識地想要成為對方的樣子，模仿對方，最終妳是誰都認不得了，如此也失去了以妳為中心的力量，如果這是妳想要的，那妳儘管去比較，然後讓嫉妒心吞噬了妳。

**Celine**：天哪！我超討厭自己有嫉妒心。

**女神**：記得之前說過的，愛自己就是要接受任何狀態下的自己，即使知道有嫉妒心產生，妳都必須接受，而不是討厭自己，如此才會用坦然的心真正面對這個課題，也會對這個課題出現生命裡而充滿感恩。所有出現在妳生命的課題，都不是偶然發生，而是精心安排的，妳可

以選擇接受這個功課（lesson）或者逃避，當妳選擇了接受，生命會活出截然不同的樣子，所以感激這個課題的存在是一件多麼重要的事情。

請一定要記住，妳生命中出現的每一個人，從來都不是為了傷害妳而出現，因為妳有需要練習的課題，他們才像天使般，願意出現在妳的生命裡，扮演那一個令妳討厭、憤恨、傷妳的心的角色，一切都是因為他們告訴宇宙，他們深愛著妳，所以願意扮演那樣的角色。即便知道過程中，妳會討厭他們、恨他們，他們還是接受了安排，妳說，妳是不是該對他們的出現心存感激（appreciation）？

**Celine**：我還在消化妳剛剛的話，我在想我該如何心存感激？

**女神**：心存感激，不是思考之下的產物，只是在妳有意念希望對方消失，希望對方不要傷害妳，妳就有覺知地告訴自己，「謝謝妳／你出現在我的生命裡，幫助我成長。」（Thank you for being part of my life and helping me become a better person.）這就像是一個魔幻咒語，每當妳比較的對象出現了，妳的嫉妒心產生時，不斷重複以上的那句話，妳的嫉妒心就會消失了。練習吧！

**Celine**：為什麼嫉妒心與停止比較的課題，不斷出現在我的感情世界裡？

**女神**：妳生命中有一些重要的課題會不斷地出現，是在測試妳是不是在這個課題中已有所瞭悟，即使有意識這件事的存在，但情緒完全不

受影響，並坦然接受現實的狀況，不因此否定自己，沒有安全感，對自己的價值而產生懷疑。放下控制的慾望，讓所有的事在神性的時間（divine timing）自然發生。

**Celine：**因為沒有瞭悟，現在就要在這個道場（sadhana）繼續修行者的課程嗎？我要如何才能不再有比較心態與嫉妒心？

**女神：**身為人類，完全沒有嫉妒心與停止比較是不可能的，只是當妳意識到有嫉妒心並且花很多能量在和對方比較時，只要有意圖地想讓嫉妒心消失，不斷地練習，在冥想時，觀想對被嫉妒對象充滿愛，祝福他們，為他們祈福（send them blessings）。

當妳有滿滿的愛，所有滿出來的愛都愛著他人，他人也可以感受得到，妳就像是太陽，就像是光，平等一致照耀著大家，愛著大家。所以當妳愛的男生，也喜歡其他女生，妳也自然而然會愛著這個女生，用妳的愛照耀著她，不需要評判他們的感情，因為他們都活在這片大地上，妳無私地照亮著他們，愛著他們。當妳選擇性地愛著他人時，妳就會對這個人如何回應妳，充滿期待，這就是一種自私的愛、渴望回報的愛，因為妳與這個女生沒有互動，所以當妳給她愛的能量時，妳也不會知道她是不是有感受到，所以妳對她有沒有回應妳，是完全沒有期待的，這是一種給予無條件的愛的最高境界。

倘若永遠有一個嫉妒的心，妳的能量就不是投射在自己身上，而是聚焦在他人身上，如此妳的能量會漸漸耗盡，自我價值會漸漸消失，最終就算和那個男生在一起了，剩下的妳會是沒有自信及安全感的人，

對方終究還是會離開妳的。

妳必須尊重每一個人的決定，他選擇了這個女生，是在他當下狀態及可知意識裡，所做的決定，在那個時候，妳並沒有出現在他的生命裡，現在妳出現在他的生命，他的意識會再進行調整，至於他如何調整，調整出來的結果，都與妳無關。當妳愛一個人的時候，妳並沒有擁有他（possession），他不是妳的資產，妳無法叫他改變，也不應該希望他改變。妳必須尊重他，讓他完成自己的人生功課，給他無條件的愛，完全包容他，包容他的選擇、決定、喜好、圓滿及不圓滿。當他找妳訴說心情，妳是一個很好的聆聽者，對他所說的話，對於他的處境，對他的選擇，沒有評判，只有滿滿的愛回應他，這才是無條件的愛。

如此有一天，他重新再做選擇時，他會選擇一個允許他可以不用偽裝、也不用武裝、自由自在做自己且給他空間的女人。這不是教戰守則，我是在告訴妳，當妳對一個人有著無條件的愛，妳對他是完全沒有期待，他可以做自己，最終他的任何選擇，妳都是祝福，用愛包圍著他。

**Celine**：我懂了。只是我覺得自己做不到。

**女神**：妳對妳已經認定很難的事情，通常是如何反應？

**Celine**：我通常都是逃避不處理，或者是我面對很難的事情，在處理的過程中痛苦不已。

**女神：**妳覺得過程（process）重要，還是結果（result）重要？

**Celine：**當然是結果重要，因為結果就是我設定的目標，也是我想達成的，所以我所有的行為、抉擇，都是為了達到設定的目標，得到我想要的結果。

**女神：**如果最終沒得到想要的結果，妳的反應是什麼？

**Celine：**我會覺得浪費時間，也會埋怨他人辜負了我的付出，或者是沒看到我的努力。

**女神：**那妳與我分享一個事件，是妳得到了想要的結果，卻不開心，再與我分享一個事件，是妳得到不想要的結果，卻很開心的。

**Celine：**我得到了想要的結果，卻不開心的事……在美國念研究所時，一直期盼去紐約工作，總覺得會很酷，後來如願拿到了 KPMG 在曼哈頓的工作機會，殊不知是夢魘的開始，辦公室文化衝擊（culture shock）、憂鬱症、種族歧視……在紐約工作期間，一點都不快樂，每天忙著工作，完全沒時間及體力去好好認識這個城市的時尚、豐富的文化及美食。

至於我得到不想要的結果，卻很開心的事……之前離開一份工作，想要創業，後來無心插柳下我一個月內，找到了新工作。當初接到這家公司給的應聘書，我沒有很開心，因為一心一意不想再為他人工作了，想要休息一段時間再出發，只是沒想到，加入了這間公司後，我

覺得這是我所做過最棒的決定之一，我很喜歡同事、很喜歡公司文化、很喜歡上班地點，每天去上班都非常開心，充滿感恩。

**女神**：很好。我現在再問妳一次，妳覺得結果重要還是過程重要？

**Celine**：很有趣的，與妳分享完之後，我發現過程比結果更重要。去紐約工作是我想要的結果，但我沒好好體驗在紐約工作的過程。反觀在這家公司上班，從來不是我期盼的結果，但是因為每天與大家的互動，在公司發生的事，多數讓我快樂不已，所以我非常享受上班的時間。過程是每一分每一秒的堆砌，就像妳說的活在當下，因為在公司，我享受了每一分鐘的當下，所以我很快樂。

現在我明白了，可是我還是對一些事情有渴望，期待一個我想要的結果。我該如何轉化我的思維，讓我的專注力，只有在享受過程，而不是結果？

**女神**：每個人的人生只有一個共同結果，或者說，到達同樣的目的地（destination）。

**Celine**：是什麼？

**女神**：死亡（death）。每個人的人生最終結果都是一樣的。現在的結果，會變成明天的過程，如何擁抱每一刻的當下，才是最重要的。

**Celine**：如果像妳所說的結果都是一樣的，那不就不需要設定任何目

標，期待任何結果，我也不需要努力了？

**女神：**妳覺得人生為什麼要設立目標？

**Celine：**有了目標，我就會不停朝目標努力，前進。

**女神：**讓妳成長是過程中的經驗，不是妳的目標，妳有可能因為享受過程，而超越妳原本的目標。所以設立目標通常會造成妳否定自己，產生壓力而不是動力。

例如大部分女生都渴望談戀愛，然後走入婚姻，有自己的家庭，我想妳也是。可是為什麼許多女生，走入婚姻後，都不開心。妳把結婚當成是一個目標，卻忽略在兩性關係相處上的課題。若有不順心，就說早知道不要嫁給這個人，或早知道不要結婚。有男女朋友或結婚，只是旅程的一個標記，而不是目的地。就像跑馬拉松，每到一個公里數就會有標記，概念是一樣的。

兩性關係的課題開始，並非互相認定為男女朋友，或者是透過法律關係，給了妻子與丈夫的名分。而是當雙方開始在乎對方，對方的能量影響了妳的思維，及行為。

兩性關係就像是雙方走進了一個道場，互相鞠躬之後，學習的過程就開始了。在這個道場裡，你們相互拳打腳踢，雖然不是真的傷了對方，但是妳的每一個喘息、言語、行為、思緒，都會在這個道場產生能量，而影響到對方的喜怒哀樂，無論以男女朋友的身分、夫妻身分，或者

只是一般朋友，都是很好的開始，讓妳開始檢視自己內在所投射於外在的行為，並且影響對方，當然對方也做同樣的事情，將自己的內在投射在妳身上，你們就像是彼此的鏡子，映照對方，讓對方有機會看清自己的樣子。

對於一個可以在道場相遇的朋友，即使他讓妳不安、自卑、沮喪、失去信心、懷疑自己，妳都應該心存感謝，因為不是每一個人，都有勇氣看著妳不安自卑、懷疑自己、失去信心，卻依然很清楚自己的角色，不斷給妳功課，讓妳最終發現最內在的自己而去面對，有了覺知之後，而得到轉化。

妳或許不知道一起在道場的人，會停留多久，一天、一星期、一個月、一年、一輩子，當雙方對彼此的功課結束後，或許是妳先離開道場，也或許他先離開，也或許妳們同時有機會作揖鞠躬並且感謝對方的出現。妳何必給對方一個身分？朋友、家人、男女朋友、夫妻，仇人……當妳給對方身分，就會有一種期待，包括妳自身的期待，以及社會對這個身分的期待，如此一來，妳就沒有在這個道場上，學到最多的功課，因為妳的期待，限制了思維，情緒也很輕易地被挑起，妳讓對方失去可以真正做他自己的機會，對方只會設法成為妳想要他成為的樣子，而妳也成為他想要妳成為的樣子。在這個道場裡，當妳沒有展現真我，那就只是遊戲場，因為在玩遊戲時，為了輸贏，雙方會不斷偽裝，直到無法繼續時，就轉身離開，留下錯愕的彼此。

和妳在道場裡的人是妳的夥伴啊，無論人生的什麼階段，你們都陪著彼此做功課，妳的夥伴要離開道場時，感謝對方的陪伴，即便陪伴的

過程充滿喜怒哀樂，妳也要珍惜。所以我說啊，一段關係的結果並不重要，是過程讓妳豐富了彼此，讓彼此成長，成為更好的人，如果有幸在一起很長久的時間，那是一種福氣，無關乎這段關係的名分。

**Celine**：妳的意思是，我不需以交男朋友為目的去認識一個人，不以結婚為目的維繫一段關係，只是認真體驗兩人之間的互動。

**女神**：沒錯。妳試著想像，當妳很清楚自己的價值，將天賦發揮到最大，對自己有滿滿的愛，滿出來的愛愛著他人，妳覺得周圍的人，會不會被妳而深深吸引著？妳就像一塊大磁鐵，一道光，自然而然就吸引人走向妳、關注妳，如此妳與夥伴之間的愛就自然而然會產生，在沒有強迫的狀態下，妳臣服（Surrender）在一切的流動中，讓它發生，對於事情如何發生，如何開始，如何結束，沒有任何的期待或依附，享受這樣的經驗。

**Celine**：我懂了。

# vi

Celine：為什麼我還單身（why am I still single）？

**女神**：妳還是單身並不是因為有什麼不足。這一切都要從妳和自己的關係開始，丟掉妳的條件清單，每一個人都是獨特的，妳的清單只會限制了妳的機會。當身心靈在妳內在合一，妳非常愛自己，也知道自己是誰，如此妳是完整的，妳吸引的對象是妳的投射，兩個完整的人，在一起才會互相欣賞，成就對方。

妳要相信宇宙已經幫妳安排了一個人，不管這個人何時出現，妳都要拋下對時間的期待，對對方的期待，愛情不是立即發生的，需要時間醞釀與發展。妳必須給彼此時間，即使這個人還沒有出現，妳將能量專注在自己身上，與最內在的真實力量連結，妳不需要花時間努力去尋找，他已經在哪裡，只是時間未到，妳要有耐心，並不是在等待，而是在準備自己，成為一個全然愛自己，擁抱自己的人。

Celine：謝謝妳。我一直以為是我的問題，總覺得有男女朋友或結婚，對他人來說是很簡單的事，對我來說卻永遠是很大的課題。

**女神**：記得我說過的，不要比較，妳看到他人的美好，並不是真正的美好，有時候只是假象。最棒的關係是自己和自己的關係。妳身上有陰陽能量，當這兩個能量達到平衡時，妳每天都像是和自己談戀愛，當妳的國王出現時，他會深深為妳著迷。

# vii

Celine：什麼是「臣服」呢？

女神：臣服就是放下妳手中想要掌握的東西，並且不去控制他人和妳自己認為妳該有的樣子，而去做一個真我，真我是不會為他人而活著的，也不會因為他人的評判而改變成對方期待的樣子。真我可以創造無限的可能性，因為沒有他人設限的框框所羈絆著，全然接受自己的一切，妳最高的能力及行動力，最大的喜悅，以及極致的興奮，去面對生活的每件事，所有事情的發生與獲得，都不費任何心力（effortless），妳所有的行為，如果在真我的狀態下，每一刻都可以選擇想做什麼，用什麼樣的情緒去面對這些事情，快樂、喜樂、興奮、悲傷、憤怒、不安，當妳以最佳的能力，並用極致的快樂與喜悅生活在每一刻的當下，宇宙就會收到妳的訊息，支持妳的真我，那些在妳腦袋裡曾經渴望的狀態，就會同步發生（synchronize）。

一個在臣服狀態下的真我，常常會達到更遠的邊界及一個自己超越想像的過程，因為真我，不為自己設限，盡情活出最精彩的自己，他人有沒有給予肯定、掌聲，與妳做為真我完全沒有關係，這樣狀態的妳，無論外界的任何反應，妳都充滿著極致的興奮及喜樂與愛去回應，所有想傷害妳的人，也被妳所感染，心中的自私與怨恨會消失，轉而支持妳。當妳有了宇宙與他人的支持，真我會不斷有新的靈感、新的發現，並體驗無限的可能性，即使面對未知，也充滿著興奮與期待。

我不要妳設下任何目標，期待任何的結果，妳最需要的是，告訴妳的心智，妳希望自己處於什麼樣的狀態，例如在兩性關係裡得到喜悅、滿足感與親密，或者是一份讓妳盡情發揮天賦的工作，或者是一個與眾多人心連結的機會平臺或創造這樣的平臺，觀想這些狀態並採取行動，妳不需要知道如何達成，但只要臣服，所有妳想要的狀態，就會不費心力地同步發生。

**Celine**：我明白了。

我在香港的第一份工作，與法律及合規相關，當時我並不喜歡，在二〇一三年一月，我接受了一個夢寐以求的工作機會，擔任執行長，當時只覺得頭銜非常吸引人，就像是拿了魔法權杖，可以給我呼風喚雨的力量。可是真實世界並不是這樣，取悅老闆，在乎每一個同事的想法，在乎客戶對我的評價，我漸漸失去了自己，真我越來越渺小。每一天要踏出家門去上班，就有一股恐懼襲來，因為我不知道我的表現是不是符合大家的預期，真我漸漸沒有了聲音，開始活在他人的期待裡，最終只在這個職位做了一年多，就被換到另外的職位，沒有美麗的頭銜，本來偽裝的自信，現在更是全然消失了，工作上不斷犯錯，對一切也失去了熱忱，更不知道未來的方向，沒有了靈魂，沒有了快樂，只有那勉強看起來體面的身軀，還在設法撐著，不願意讓他人看到自己脆弱的一面。

如果我那時懂得臣服，一切或許會不一樣。

**女神**：不要否定過去的自己，因為有過去的經驗，才開啟妳的覺知，

也開啟妳的靈性與人心的連結，一切的開端，妳都必須感謝過去。記得我說過臣服就是接受全然的自己，沒有好壞，沒有評判，而只是對自己充滿了愛。

**Celine**：那什麼是靈性（spirituality）呢？

**女神**：靈性沒有固定的形體、狀態、和組織架構、系統，也沒有特定的思維。在字典中，spirituality 又翻譯成精神上的事物，通過不同渠道，讓自己透過與內在連結的方式，達到更深或更高的維度。妳可以透過覺知與意識的存在體驗當下，發覺內在的世界充滿創造力，當面對問題時，可以跳脫舊有的思維，摒棄複雜的分析，而發掘、創新的方式去解決現在的問題。只要妳允許創造力於內在發酵，在更高的維度中，妳體驗的是一種寧靜，生命力，平靜的心，外在發生的萬事萬物，不再成為負擔，也不再挑起妳的情緒，可以更有效率地完成事情。簡單來說，靈性就是於內在體驗當下。

**Celine**：妳一直提到宇宙，宇宙是不是就像我知道的星球、銀河系、外太空，並已經存在幾百億光年？

**女神**：不全然是。我沒有特別想要引入任何宗教。宇宙泛指造物者，無論妳本來認知的造物者是誰，這不在討論的範圍內，地球是宇宙的一部分，人類是地球的一部分，宇宙有法則與定律，萬事萬物都是生生相息，相互關聯，妳說的話、妳想的事都互相影響周遭的人、事、物。萬事萬物皆有振頻，在宇宙中旅行而產生一個循環，在物質世界中的文字、思考、感覺、慾望，都有各自的振頻。

宇宙給了妳豐盛的天賦、豐盛的財富，豐盛的祝福。吸引力法則也是宇宙法則之一，妳的思想、妳的情緒、妳的行為，吸引著周遭所發生的事，負面的能量吸引負面的能量，正面的能量吸引正面的能量。宇宙的平衡（balance），來自於陰陽能量平衡。

宇宙是一（oneness），每個人都是宇宙的一部分，人類之間、人類與地球之間、地球與各星球之間，地球與銀河系之間，全部都是宇宙的一部分，妳代表了宇宙，當妳清楚宇宙的規則與定律，妳就清楚知道自己的影響力，當每個人陰陽平衡時，宇宙就會平衡。宇宙沒有固定形體，只是象徵一種至高的力量，主宰著人類，妳對宇宙有尊敬之意，充滿感激的心，根據宇宙的法則，妳正面的思想，就會受到宇宙的支持。

**Celine**：我該如何開啟靈性的旅程？

**女神**：首先，妳必須與我分享為什麼想要開啟靈性的旅程？

**Celine**：我的心智一直處於很混亂的狀態，我很清楚的知道，無論是工作，或者是男朋友的關係，都不是我想要的，內心急著要轉變，卻不知道用什麼方法。或者是說，即便上了一些個人發展課程，依然沒有得到解決的方式，在將近一天二十四小時，不同情緒起伏的漩渦裡，我沒有了快樂，失去了自我，連最基本照顧健康的力氣或動力都沒有了。但令我害怕的是，我害怕失去，失去頭銜、失去老闆對我的信任、失去工作帶來的表面價值、失去有男朋友的身分……我不知道這些緊握在手多年的關係，放手之後，我會變成什麼樣子，但我清楚

的知道我要改變。若沒有改變轉化，即便到了下一份工作，有了新的男朋友，舊有的思維模式，依然主宰著我的人生，剛開始短暫的快樂滿足後，我又會陷入了為他人而活的漩渦，失去真我。

我已經受夠了自己，我想要轉化，或許靈性的旅程可以帶給我所謂的創造力、平靜、生命力、安靜的心，在那個狀態的我，不需要擔心下一步，因為生活的每一刻，都讓我充滿喜樂。

**女神**：我知道妳很想跳脫目前的狀態，急著想要展開靈性的旅程，當時機到了，妳就會遇見靈性的老師，或許是一個人、一本書、一句話、一段影片、一堂課……臣服吧，不用設限時間點，妳靈性的旅程會自然而然地開啟，有著強烈的意圖，妳的能量，就會吸引靈性的啟動。

**Celine**：前幾天右腳扭傷了，一直沒有完全恢復，朋友相約去南丫島爬山，我只想封閉生活並不想跟朋友們互動，所以就以養傷為藉口，拒絕同行。然而Y主動聯繫我，他說可以幫我做能量療法，改善腳扭傷的痛處，就可以一起去爬山了。其實我內心還是想逃避，但還是去了Y的工作室，他將雙手放在扭傷處，我開始感到一股暖流，在扭傷處盤旋，大概經過十分鐘，腳踝的痛楚，居然真的得到了舒緩。

Y說，我右腳受傷是因為男性能量（masculine energy）過強，我必須放慢生活腳步，不然身體可能遭受更嚴重的傷害。這是第一次聽到男性能量的說法，我並不知道為什麼要平衡我的男性能量與女性能量，但是覺得有男性能量很好啊，在工作職場上，有了男性能量才可以跟男性競爭啊？

**女神：**不知道沒有關係，妳的心智會記錄這樣的問題，時候到了，妳就有答案了。

**Celine：**後來與一群朋友去長洲爬山，結束後，在一家咖啡廳聊天，我坐在 O 的旁邊，他是德國人，待在香港很多年了，見過他幾次，但都沒有機會深聊。他看得出我心不在焉，關切地跟我聊幾句，O 說，如果我的杯子是空的，不斷地付出，內心只會更匱乏，也不會快樂。於是我們談到一個懂催眠療法的治療師，O 講的是 hypnosis，我當時並不知道那是指催眠，立即透過 WhatsApp 傳訊息給這位治療師，安排見面的時間。我完全不清楚這是什麼樣的療程，也遲遲沒有去查 hypnosis 的意思，直到完成第一次療程，才知道原來是催眠。

當下還挺佩服自己的勇氣與想轉化的決心，即使面對完全的未知，我也沒有恐懼。第一次療程並沒有特殊的感覺，只是覺得身體很放鬆，治療師說，催眠就像在跟潛意識講話，透過情境的暗示、言語，當腦波在催眠狀態時，呈現 α 波，才是潛意識打開的時候，有助於解決所有問題，感官也會變得非常敏銳，將潛意識重新程式化，重新設定，喚起潛意識中原本就有的超凡能力，消除心理障礙和情緒上的問題。

然而，我已經做過五次療程了，為什麼還是沒有什麼改變呢？

**女神：**妳在療程時，有全然的信任治療師嗎？或是處於緊張的狀態，因為妳不停地思考而完全沒有放輕鬆呢？

**Celine：**我一直都在懷疑這個療程帶來的效益，所以完全無法放鬆，

每當治療師一開口，我就會評判為什麼治療師要說這些話，或者還要再做幾次療程才有效果，我的腦袋裡似乎非常的忙碌……。

**女神：**這就對了，妳有覺知到自己的狀態，當妳沒有全然放鬆而充滿防衛心，療程對妳的效果是有限的。下次的療程，開始全然的相信，並且臣服，看看會有什麼不同的體驗。

**Celine：**我今天去了催眠療程，我真的全然相信治療師，臣服在治療師所給的訊息與安排的狀態中，我感到非常輕鬆，像做了一次充分的休息。

**女神：**妳可以觀察，在六次的療程後，行為產生了什麼樣的變化，即便之前的妳有防衛心、沒有全然放鬆，但是療程還是對潛意識有產生作用的。

**Celine：**我留意到，我走在路上，會自然地哼著歌，我已經有好幾年沒有體驗過從內心自然而然流露出的喜樂，那個當下，我是愉快的，久違的愉快。

**女神：**非常好。

**Celine：**我要做多少個療程才能達到我想要的效果呢？

**女神：**妳又在期盼一種結果了。我無法給妳答案，但是記得每一次都要享受過程，妳會知道什麼時候將不再需要療程，在此之前，不要設

限，臣服吧。

**Celine**：在療程中，治療師幫我喚起潛意識裡，本來就有的自信、創造力，天賦與勇氣。從小到大，我被告知什麼該做、什麼不該做，我被教育與社會價值觀，限制在一個框框裡，讓我深深地以為這就是我的世界。我的世界裡，他人快樂就是我的快樂，他人說不該做的事，我就馬上停止，他人認為不應該擁有的，我就放棄爭取，甚至爭取後，轉手送給他人，因為我覺得自己不值得擁有。他人開心，我也開心，所以我的杯子一直是空的。只想不斷取悅他人，自己的位置跟價值，對我來說，從來都不是重要的。

我在一次催眠療程中，身體充滿著流動的能量，手腳與身體不自覺地扭動，我非常享受那次經驗，那個當下，我沒有用心智去控制任何行為，只是觀察身體的感官，內心同時讚嘆著，原來生命有這麼多未知的領域，等著我去發掘，就像是一場美麗的饗宴。

開始了催眠療程後，對於未知的恐懼消失了，反而期待接下來的事，就像小孩子一樣充滿著好奇心，開始探索這個未知的世界。

**女神**：還有什麼其他的轉化嗎？

**Celine**：我開始認知到自己的價值，真我，對於現況已經知道如何放手，我不想要操縱，以前以為負責任的態度，就是獨攬很多工作，老闆增加的工作量，我從來不會拒絕，我以為這是負責任，結果繁忙的工作、壓力、不足夠的休息，讓我不停犯錯，思緒也不清楚。但我

從來沒有檢討自己，心裡卻責怪老闆，給我這麼多工作，當然會增加出錯的機率，一出錯我就開始扮演弱者或犧牲者，躲在自己的殼裡（shell）拒絕溝通。現在我才知道這是最不負責任的態度，表面假裝成很有擔當，私底下卻逃避，原來適當拒絕他人的要求，與對方完整地溝通，才是負責任的態度，而當我在身體與心理，處在平衡的狀態，工作表現就會更有效率。

在感情上，我也延續相同模式，不懂得適當的拒絕，每次Ｗ向我拿錢，總會因為拒絕而充滿罪惡感，每次給他錢之後，又很痛恨自己，這種交錯的複雜情緒跟心痛，往往一個月都要上演好幾次，因為在我詭異的認知裡，給男朋友財務上的支持，是負責任的表現。

那天晚上我在公司，與同事做職務交接，返回自己的辦公室時，打開房門的剎那，手臂一陣刺痛，一塊鐵製天花板掉下來，正好砸到我的手，我右手一小塊肉被掀起，傷口深至見骨，愛美的我，心揪在一起，覺得肯定會留下無法消除的疤痕。但奇妙的是，可能因為催眠療程，我居然覺得身體只是一個體驗人生的工具，身體的受傷不會影響到靈魂的美麗，就算留下疤痕，看似不美麗的烙印，只要靈魂美麗，疤痕也就不重要了。

我被送往急診室後，骨科醫師幫我縫了六針，確定骨頭的神經沒有受到傷害，就讓我回家休息。三天後，Ｗ回香港，我給他看我的受傷處，與當初傷口的照片，他的反應居然是，沒有很嚴重啊，那時我內心已經醞釀著跟他分開了，這件事情只是測試。隔天我提出分手，對於分手，他不予置評（no comments）。我心裡想著，為什麼我的語

氣，像在徵求他的同意，所以當下重複又堅定地再說一次，「我們分手吧！」不管他的反應，在我講出這句話的一刻，我們就已經分手了。當下，我覺得應該慶祝我的人生，有了新的開始，我有勇氣學會了放手，給自己自由，至今我仍然欣喜若狂，為自己驕傲。

**女神**：我很為妳開心，這些決定，都是妳愛自己的表現。

**Celine**：開始催眠療程之後，以前要用意念強迫自己去執行行動，現在卻像是順著流水一樣自然而然地充滿執行力。

**女神**：是啊，因為妳的潛意識已經將愛自己凌駕於一切之上。任何讓妳覺得不受尊重，不被珍惜，產生負面情緒的事件或人，妳的容忍度變得比較低，自然就會驅使妳採取行動，盡快遠離負面的能量場。

**Celine**：老闆讓我放了兩個禮拜的假，希望我可以認真思考未來，我很感謝他，在這段假期中，雖然沒有明確目標，但我知道我會離開公司，如果我對工作已經失去了熱忱，繼續留下來，只會影響公司。這是一個非常重大的決定，因為我老闆對我而言很重要，我一直希望可以協助他，讓公司穩穩地成長，我總是想著我的投入，如何讓他人變得更好，那我自己呢？

放假回來後，老闆找我到他的辦公室，我第一次覺得可以不用緊張，自在地做自己，說出想說的話。我記得有一次，我犯錯了，老闆生氣地問我，妳覺得妳對公司的價值是什麼？我看著他很久，居然完全沒有辦法回答，因為我認為我對公司來說完全沒有價值，我也不知道我

的價值是什麼。但是這一次我跟他說，我會離開公司，我不需要陳述我的具體價值是什麼，光是在他面前的自信，與侃侃而談，他已經親眼見證我的價值。

很感謝老闆給我機會，讓我不斷磨練自己，在專業上有了更遠的眼界，讓我可以宏觀地處理每一件棘手的問題。

**女神**：我也感受到妳的自信。

**Celine**：關於我右手受傷的事情，我一直在思考，真的像 Y 說的，是我的男性能量過強嗎？

**女神**：妳知道什麼是男性能量嗎？

**Celine**：是一種充滿競爭的心態，想要贏，想要主導一切、控制一切，非常在乎結果？這樣不好嗎？

**女神**：我說過這世上的一切沒有好或不好，但是當妳所處的狀態，是不協調、不平衡時，妳就會侷限自己做事的方式，天賦沒有被充分發揮，即便很努力去執行，得到想要的結果，過程都會背負了很多包袱，包括證明妳的能力、在乎他人的評判，甚至罔顧身心健康，一心一意只為了贏得掌聲與讚美。一旦妳身心疲憊，無法再拚搏時，就會回想妳所做的每一件事是否值得？妳選擇用男性能量撐住了妳的世界，當妳疲憊時，妳的世界就垮了。

我問妳，妳覺得妳是男性還是女性，我不是指外在性特徵、容貌，我問的是當妳聽到這個問題，當下的反應？

**Celine**：女性。

**女神**：妳的答案很直接也很肯定。所以，宇宙創造妳的時候，賦予妳多一些女性能量，或者多一些男性能量？

**Celine**：多一些女性能量，因為我是女性啊！

**女神**：知道為什麼妳現在的男性能量又會多過於女性能量呢？

**Celine**：我覺得是因為我所處的社會環境裡，男性通常較有優勢，不管在學校、家庭、工作職場、社會、國家、歷史等等，整個大環境，一直傳遞著一種訊息是，男性是領導者，主導大部分的事，如果我不夠強勢，就無法得到男性社會的尊重與重視。所以我的行為與思考模式，就學習、模仿男性，我想證明自己可以對社會有影響力。

**女神**：想對社會有影響力，一定要用男性能量嗎？

**Celine**：我有其他的選擇嗎？

**女神**：當然有，就是妳的女性能量。

**Celine**：我完全不知道什麼是女性能量？如何知道運用它的效果是什

麼？

**女神：**妳完全不需要知道運用女性能量後，對妳會有什麼影響或轉化。不過妳必須先有覺知，知道何時該運用女性能量，何時則運用男性能量？當妳知道如何平衡，就可以完全體認到女性能量的絕對力量。

妳想要知道女性能量是什麼嗎？

**Celine：**我非常想知道。在妳的說法裡，女性能量可以把我推到生命的另一個層次，是我從來沒有體驗過的，我現在已經敞開我的心，願意接受所有新的事物、新的感受、新的體驗。

**女神：**提女性能量之前，我先講道教（Tao）中的太極圖（Tai Chi diagram），白色的部分代表「陽」（Yang），黑色的部分代表「陰」（Yin），然後有一點黑色及一點白色，在反向的顏色裡，也就是每一件事都存在正反兩面，而且兩個正反互為相關。

農作物的成長是陽，收割或枯萎是陰；太陽是陽，月亮是陰；白天是陽，夜晚是陰；光是陽，陰影是陰。有了太陽與月亮的循環，白天

與黑夜的交替，有光才有陰影，陰與陽是共存的（coexist），當妳牽動其中一個，整個系統就會受到影響，例如光的角度及強度，會影響陰影的大小及存在的時間。陽代表著強硬、光亮，和較快的速度；陽是採取行動，陰是完成這個行動，就像投手投球，捕手接球。陰代表女性，陽代表男性，女性是陰中有一點陽，男性是陽中有一點陰。陰陽的轉換是大自然的定律，妳必須學習陰陽平衡，以和諧的狀態生活著，不要反抗自然的定律，而是隨之流動。

少爭吵，多聆聽，不要過度思考（overthinking），有時候退一步想，或什麼事都不做，也就是道家說的「無為」，妳可能會讓進度走得更快。不用擔心自己是不是群體裡面最佳的，只要展現真我，過著簡單的生活，因為有智慧的人，生活是充滿彈性的，不要害怕改變，妳可以選擇競爭或合作，武斷或順從自然，改變永遠是自然法則的一部分，每一件事都有陰陽兩面，沒有光就沒有陰影，生病可以幫助妳開始留意自己的身體，來去、生死、幸與不幸、開始跟結束、陰與陽的交替，是最真實的自然法則。有一天妳的問題終會過去，如果深信過程，擁抱改變，不抗拒，也不焦慮，即將面對的一切就會達到和諧。

所有一切的平衡都在妳的內在。

**Celine**：也就是說，我本應該充滿女性能量，然後有一小部分男性能量，也就是陽的部分，因為我用過多男性能量，去爭取我要的結果，抗拒自然定律，導致陰與陽的不協調，內在不平衡。我耗費很多精力與能量，得到社會地位，他人的認同與掌聲，但我並不是用真我在回應生活裡的每件事，腦袋裡只想著如何得到認可，完全忽略了活在當

下的樂趣，沒有發現真我的覺知，讓我無法體驗當下，對周遭發生的事情就會失去敏銳度（sensitive），當災難來臨時，即使出現警訊和提醒，我都無法接收，因為我的腦袋，只充滿了競爭、獲取、贏得掌聲，害怕失去。

所以我的腳踝扭傷、右手刮傷，事實上早有警訊，只是麻木的覺知，讓我完全沒有接收到這些訊息，而頑強執意達到特定目標，成為了我行動的標準。我也完全沒有給女性能量與男性能量交替的機會，內在產生了極大的不平衡，不和諧，所以健康也出現了問題。

**女神：** 這就是為什麼有些人容易受傷跌倒，或是發生意外，因為能量的不平衡造成感官覺知的遲鈍，而無法遠離意外。動物的敏銳度是很高的，自然災難來臨前，他們早會嗅覺到，如果妳的女性能量越強，敏銳及直覺就會向上提升。

**Celine：** 妳的話讓我想起，有一次在香港參加由 Sadhguru 主講的課程——「內在工程」（inner engineering）。在休息時間，工作人員拿著T字形鐵架，走在我後面，經過我身旁的那一刻，我突然自行移開，一轉頭，看著鐵架與我的腦袋只差不到兩公分，如果當時沒有移開我的身體，肯定已經頭破血流了。我想那時候的我，因為敏銳度與感官提升，讓身體提前感知鐵架的能量，所以身體有了自然的反應。這是一個深刻的經驗，也讓我知道了平衡身體能量的重要性。

但是，什麼是女性能量？如何運用？我真的擁有女性能量嗎？

**女神：**男性能量跟女性能量，是兩種對等的生命力，兩種能量都需要，彼此才能共存。

妳可以用下面的表格做檢測——

| | 女性能量<br>Feminine Energy | 分數<br>Score<br>1~5 | 男性能量<br>Masculine Energy | 分數<br>Score<br>1~5 |
|---|---|---|---|---|
| 1 | 一種回歸本我的能力<br>(connecting with inner-self) | | 不斷地採取行動<br>（action／doing） | |
| 2 | 接受（acceptance） | | 尋找目標（goal seeking） | |
| 3 | 接收（receiving） | | 給予（giving） | |
| 4 | 被動（passive） | | 積極（aggressive） | |
| 5 | 溫柔（gentle） | | 掠奪（go getting） | |
| 6 | 包容（accommodating） | | 控制及支配慾（in control） | |
| 7 | 創造力（creativity） | | 權力（authority） | |
| 8 | 無條件的愛（unconditional love） | | 評判（judgment） | |
| 9 | 直覺（intuition） | | 邏輯分析（logic and analysis） | |
| **總分數（total score）** | | | **總分數（total score）** | |

分數越高表示女性或男性能量越強。

當妳知道什麼女性能量及男性能量，妳可以因應各種不同的情境，妳的狀態，隨時轉換運用這兩種能量，以達到內在世界與外在世界的平衡。

**Celine：**我的分數是女性能量 11，男性能量 40。原來，這麼多年來，我完全沒有跟自己的女性能量做連結。

剛開始與 W 交往的時候，為了多一些相處時間，毅然決然買了房子，後來 W 沒有工作，就搬來跟我一起住。我朋友知道之後，問我有沒有收房租，在我的想法裡，為什麼要跟男朋友拿房租？吃飯在外，也都是我出錢，剛開始交往時，我從臺灣回香港，他想到機場接我，我都會回絕，因為交通便利，不需要浪費他的時間來接我，又從機場一起回家。但是，我往往會觀察他有什麼需求，主動付出，現在我明白，原來在兩性關係裡，我完全在使用男性能量，難怪這一段感情，讓彼此都很痛苦，明明我是渴望被照顧、被呵護的女性，卻像男性一樣，一直付出、給予，居然也覺得這是理所當然的。我強大的男性能量，開啟了他的女性能量，所以他非常習慣接受我的給予，我也沒有察覺出不妥，總覺得在這段感情裡，像是陷入在無底深淵裡，我完全不習慣被愛、被照顧，當 W 想要給予，我立即拒絕他，時間久了，他不再付出也覺得無所謂。

我必須在這一段折磨彼此的感情裡，負最大的責任，原來一切的阻礙，來自於我的男性能量過強。

不過現在談起這件事，我發自內心地感謝 W 出現，他以最極致、無理的方式與我相處，讓我從責備他，轉而投向自己的內在，發現自己完全沒有覺知的那個黑暗的自己（shadow of me），當初的固執、自以為是、恐懼、控制慾，都來自於男性能量的作祟。

**女神：**妳現在有機會，透視自己的內在，而意識到妳一直壓抑著神性的女性能量，妳的轉化即將開始。

不論在社會和政治上，過去一直由男性主宰，女性要為自己發聲，需要發揮更大的力量與精神，才能得到社會及男性的注意力。因為社會由男性主宰，妳以為在任何場合比男性優秀，女性價值就可以被突顯，而這樣的價值觀大部分都是犧牲了健康、忽視了情緒、隱藏女性的溫柔與特質，耗費了很多時間與精力。事實上，女性可以自然而然連接到神性的女性能量，我只是將她帶回到妳身上，我想要再次強調，我講的女性能量，不是關注妳的外在，或現今社會價值給的女性主義。

**Celine**：那我該如何孕育（nurture）我的女性能量呢？

**女神**：當我說神性的女性能量，是指妳是「女神」（goddess），也就是與心連結的狀態。什麼是女神擁有的特質？就是擁有生命力、創造力、直覺、愛、同理心、智慧、療癒的能力、和諧、美麗。當妳與宇宙自然法則連結，妳會與人類及靈魂一起快速成長。每一個女性都是女神，當女性與自己的心連結時，會呈現最柔軟的特質並充滿智慧。

妳可以試試以下的方法與妳的神性女性能量連結——

一、接近大自然

大地之母，大自然本身就充滿女性能量。大自然是豐富的，充滿色彩，充滿關愛，宇宙給予女性孕育生命的能力，生命的誕生必須透過女性的子宮孕育，人類才能成型，然後才誕生。女性的生殖特徵，跟男性最大的不同在於，女性有子宮、輸卵管，有胸部哺乳。就像地球，擁

抱不同的生命，不論是植物、生物、流動的自然景觀、石頭、草木、海洋、河水，這是地球上最珍貴的資源，在自然法則的循環下而生生不息。

如果要增強女性能量，多接觸大自然，去海邊踩著沙灘，用腳觸碰海水，到山上走動，享受綠意，在樹林裡深呼吸。身為女性應該主動提倡愛護地球，若資源浩劫，女性能量的喚起也會受到影響。

二、慶祝自己是唯一

妳是宇宙美麗創造物，不要與他人比較，記住妳是唯一，在地球上找不到一模一樣的人，即便是雙胞胎，也是唯一與獨特的。當妳與他人進行比較，內心並不是充滿愛的，而且完全沒有自信，女性能量就會在身體受阻。無論誰在生命中出現，妳們都是彼此的鏡子，相互從對方身上看到自己的影子，因為如此，妳的一小部分就是他人的一小部分，而當妳傷害對方的同時，也是在傷害自己啊。放下比較的心態，接受，感謝，擁抱自己是唯一，是無可被取代的。

三、為他人伸出援手

宇宙是一，妳與他人的關係跟連結，都在宇宙網絡裡，妳有牽一髮而動全身的力量，善用這個力量，用來支持在網絡裡迷失的人，找到方向，妳是光。

四、允許表露情緒（emotion）與脆弱（vulnerability）

嬰兒在表達情緒時，無論是肚子餓了、不舒服、開心、滿足，都會透過身體動作與臉部表情去傳遞。當妳漸漸長大之後，被教育要收起情緒，不只是難過，有時甚至連開心的情緒，都被要求要隱藏起來。但是，妳必須知道感受到自己的情緒，是增加感官的敏銳度，當妳的女性能量越強，對情緒的敏銳度會越高，不要隱藏情緒，無論悲傷、憤怒、不滿、快樂、開心、喜悅，我都希望妳可以表露出來，這是認識自己的方式，也讓他人有機會認識妳。永遠不要害怕表達脆弱的一面，因為有勇氣表達脆弱是強者（vulnerability is strength）的一種表現。

**Celine**：我想起有一次跟兩三年不見的老朋友 P 吃飯，眉飛色舞地對他說最近覺得心靈自在，生活特別開心。沒想到他跟我說，妳不知道樂極生悲嗎？他跟我分享每次有開心的事情發生，悲的事情往往會接踵而來，所以他習慣了災難，即便有開心的事，也沒有真正享受快樂，而是立即擔心不好的事情即將發生。

**女神**：我覺得這是很有趣的表述，因為當妳的開心與喜悅受到壓抑，身體散發出來的能量，並不是喜悅的能量，即使令人開心的事情正在發生，妳的內心是擔心的，所以就散發出擔心或焦慮的能量，本來應該投射在宇宙空間的是快樂的能量，卻是相反的是負面能量。妳很清楚妳如何展現真我與本我，就會吸引什麼樣的人與什麼樣的事情發生，一切都是由內而發，一致性的。所以如 P 所說，從來沒有因為應該開心的事情而開心，反而是憂慮災難將至，他也的確很準確地證實了他的思維是對的。

真正要跳脫這種思維的循環，就是不要壓抑自己的情緒，當妳開心

時，發自內心地表達，難過時，也不要隱藏。當妳允許自己真實地表述情緒，妳的女性能量正在被喚醒中。

**Celine**：如果表達情緒的時候，傷害了他人怎麼辦？例如我很傷心，對方知道之後，也因而傷心？

**女神**：宇宙是一，人與人之間的情緒會互相影響，情緒的自由表達是沒有錯的，至於感受到妳情緒的人，如何接收與處理，這也考驗著他們的智慧啊，這是他們自己的功課。但前提是不可以有任何的肢體傷害，和言語攻擊，如此反而會種下不好的因果循環。

五、開啟創造力

如果他人叫妳做一件事，妳完全沒有思考，也不知變通地就去執行，或者是他人給妳一個觀念、想法、教條、規範、價值觀，妳在接受這些訊息後，完全深信不疑，長時間下來，這些都會埋藏在妳的潛意識，而潛意識就會驅動妳，根據這些訊息去採取行動與反應。妳認為這是創造力嗎？

**Celine**：當然不是，可是什麼是創造力呢？

**女神**：創造是指事情一切沒有發生過，而現在發生了。例如，如果有一個空白的油畫板，讓一個人隨意揮灑，不管他人能否看得懂，都是自己的表達，而畫板上所呈現的就是創造。

創造可以訓練妳跳脫舊有的框架，讓原本充滿獨特性的妳，更具魅力，妳就像是一個磁鐵，吸引大家並且得到關注（attention），當妳得到關注時，大家的能量則是聚焦（spotlight）在妳身上。想像那些演員、畫家、表演者、歌手等等，都是非常有創造力的人，這也是為什麼他們吸引了很多支持者。

增強女性能量，並不只為了吸引很多的支持者，而是善用妳的女性能量，在宇宙是一的概念下，正面影響在宇宙網絡中的人、事、物。

六、傳遞愛（love）

愛是萬物的本源。這裡講的愛，不單指男女之間的愛，而是更廣泛一點，將愛自己的愛，滿出來的愛，愛妳周圍的每一個人，認識或不認識的，妳對他們都有一顆關懷的心，愛動物，愛生物，悲憫的心不分彼此。但是希望妳不要誤會，給予愛，不代表無謂的付出，而是用妳的愛支持他們，讓周圍的人，因為妳的支持，對生命充滿正面的想法。

七、體驗當下

當妳處在當下，很輕易就可以察覺自己的覺知能力。妳可以透過冥想，或者練習瑜伽，而體驗到當下。

**Celine**：如何冥想呢？我是一個完全無法集中注意力的人，人生大部分的時間，都沒有活在當下，我的心智不斷於外在世界遊蕩。對我來說，專注是很困難的事，如果我的心志不停地游離，必然不能體會到

冥想的效果，所以妳可以分享冥想的技巧嗎？

**女神：**先不要管冥想可以達到什麼目的，記住享受過程，並且觀察自己在冥想過程中，心智與身體有什麼反應。往往當要求妳要專注時，反而越不能專注，腦袋一直在思考，什麼是專注？現在要專注嗎？只要有這些思緒，妳就分心了。

冥想最基本的步驟是，專注於自己的呼吸。沒有固定的姿勢，可以採盤腿的姿態、坐著、站著，或在走路，但是要記住，背要挺直，想像有一條線綁在妳的頭頂，並往天花板或天空向上提拉——閉上眼睛、每吸一口氣六秒、停頓三秒、每吐一口氣六秒、停頓三秒。如此重複九次，大約十分鐘，連續三個月，再跟我分享妳觀察自己身體感知的變化。

時間久了，妳會體驗到空、無的狀態。

**Celine：**我的專注力集中了，心情也變得平靜。

八、律動及照顧妳的身體（move and look after your body）

風吹過了樹葉，樹葉才會飄動。人的身體要動才能增加代謝及循環，除了運動之外，還要有良好的睡眠品質與飲食習慣。妳必須好好照顧自己的身體，因為那是唯一可以讓妳在世界上體驗生活的工具。此外，女性應該特別加強小腹運動，就是子宮對應出來的位置，也是本我輪（sacral chakra）的位置，主宰著情感與創造力。若是長時間坐辦

公椅，造成小腹循環的活動力與本我的不流通，如此會影響妳的創造力，時常走動，或者做小腹運動，都有助於活化本我輪的能量。

愛自己的身體，愛自己身體的全部，只有愛，沒有評判。

九、讓男生引領妳（let man lead）

在兩性關係裡，跟男性的相處，如果不加思考，接下來該做什麼，他就會永遠關注著妳、寵愛著妳，想著帶妳去哪裡旅行，想著帶妳去哪裡用餐，主動牽妳的手，幫妳整理家務，主動撫摸妳的身體，親吻妳的嘴唇，主動跟妳做愛，確定妳在做愛的過程中先享受歡愉。這一切不是很好嗎？讓男生覺得自己是英雄，可以保護妳，即便妳的能力再好，內心多麼強大，在他面前，就像一朵小花，美麗而強韌，讓他的一雙手，為妳擋風遮雨。生活的狀態有這麼多困境，在他的帶領之下，妳這朵小花，只會越看越美麗，因為接受帶領，他為了證明可以保護妳，他會變得越來越強大，如此成為一個循環，在流動的陰陽循環裡，彼此成為一股強勁的動力，一起成長，妳繼續美麗，他持續強大。

十、讓外在充滿風采（appearance）

無論妳是高矮胖瘦，不單指體型，而是每一天用心外在裝扮，從髮型、容顏、造型、步行姿態、談話語氣……都影響著自身的能量，以及妳所散發出來的氣息。妳經常在媒體上，看到誰說哪一位女星是女神，是因為她在言行舉止與穿著上，都散發出自信。妳不用裝扮得像明星、名媛一樣，但試著讓身上負載的能量是充滿自信的，穿上喜歡的

衣服，展現讓人無法抗拒的風采。

十一、為生活製造樂趣（be playful）

當生活充滿壓力或不如意時，若妳只想著如何得到結果、達到目標，在這過程中妳的狀態是緊繃的；學習為生活尋找樂趣，偶爾幽默地開開玩笑，會讓妳更為迷人。

十二、聽靈性音樂

妳可以在網路上找到很多靈性音樂，只要妳聽起來覺得放鬆、舒服的音樂，就是適合你的音樂。

十三、學會接受（receiving）

身為女性，雖然擁有孕育生命的能力，但不代表要不斷給予，當他人為我們付出時，我們要學會接受，享受被照顧、被呵護、被寵愛，並感謝對方的付出。

十四、與自己的性能量（sexual energy）連結

女性討論性的主題時，不需要害羞，宇宙創造人類的時候，本就希望人類享受性，這不是羞恥和丟臉的事，而是與生俱來，宇宙給予的禮物。每當女性達到高潮或被撫摸的時候，或者接吻、擁抱、觸碰，都會激發女性的性能量，一旦與其有所連結，這是妳最具魅力的狀態。

# viii

———

**Celine：**女性能量在同性戀的關係裡，如何影響他們的行為呢？

**女神：**妳有同性戀的朋友嗎？

**Celine：**有啊，女同性戀的朋友。我對於男男愛，或女女愛，一直開放態度，或許也因此所散發出來的氣場，很容易吸引女同性戀成為我的朋友。大學一年級的時候，有一個很要好的女性朋友，那時候也是室友，幾次坐在學校宿舍的桌前讀書，她會從背後親吻我的脖子，那時她也有男朋友，所以我一直覺得這應該只是好朋友之間喜歡的表現。長大之後，我開始對女同性戀，有更深一層認識，才意識到，我的大學室友是女同性戀者，但我內心沒有因此覺得不舒服。

**女神：**從外觀上來看，男性身體與女性身體的構造就不一樣，訊息透過心智反映出來的行為，男女也不同，男生的心智想法是非常直接的，每一個事件的性質都可以獨立分開的，也就是為什麼我們常會遇見到一個男人同時喜歡不同的女人。

女人的心智、思緒是錯綜複雜的，可以把很多事情連結在一起，這就是為什麼女性的直覺是比較強的，這也是女性能量所給予的強大力量。男女之間天生身體結構的不同，也包括心智，只是女同性戀者，扮演男性角色的哪一位，會有較多的男性能量，不斷地付出，所以同性戀裡面的角色中，通常給予比較多的、付出比較多的、潛意識想要

保護對方的，自然而然就會在女女關係和男男關係裡，扮演主導，狩獵及所謂雄性的角色。

**Celine**：我有一個很要好的朋友 H，之前喜歡一個女生，她們互相喜歡上對方的時候，彼此都是最不好的狀態，對方 S 剛離開一段戀情，和 H 相遇之後，H 成為 S 療傷的出口。H 和我聊天時，提過她不知道自己是喜歡男人或女人，當她遇到 S，是第一次投入的女女戀情，她本身就有很強烈的男性能量，只要跟喜歡的女生在一起，就會激起她更多的男性能量。

**女神**：社會的價值觀及教育，沒有給人類太多的自由。讓他們想成為想要成為的人。不論妳／你是女性的身體，或者是男性的身體，當妳／你對一個人產生愛，並不需要確認性別後，才可以愛對方。無論身體結構相似或完全不同，當彼此有了愛意，都要勇敢表達，累積太多沒有表達出來的愛，這潭水只會越變越黑，越變越臭，從此就再也不懂得如何愛自己與愛他人。

一旦妳／你知道愛上同性別的人，必須先擁抱自己喜歡同性的人這件事，不可以評判自己，如此才能讓自己有機會更了解自己。無論喜歡同性或異性，對宇宙整體來說，妳／你們就是人類，無論外觀或生殖特徵，不會影響妳／你對一個人的愛。簡單來說，地球最初有人類的時候，並沒有社會道德框架，套在人類的身上啊。

所以當女女相戀，或男男相戀，誰扮演女性，誰扮演男性，端看誰的女性能量在彼此互動中被激起的比較多。如果各自進入了另一段戀

情，遇見下一個人，又可能轉換成與上次不一樣的角色，記得給自己耐心，慢慢去發掘自己是什麼樣的人，無論如何，都要好好擁抱自己，因為發現真我是世上最有價值的事。

**Celine：**我不懂為什麼自己常常會吸引女同性戀者的喜愛？

**女神：**有些女同性戀者，沒辦法擁抱自己是同性戀的這個事實，但是在妳面前，妳可以直接感受得到，並且用最純淨的愛去擁抱她們，在她們經常被否定的狀態下，無意識被妳的能量擁抱，就會深深為妳著迷。因為妳的愛允許她們做自己。反觀，如果她們對自己充滿了愛，也擁抱自己是喜歡女生的事實，自然而然就可以吸引到真正喜歡同性的伴侶。

**Celine：**我很開心有一些同性戀的朋友，跟他們的互動，讓我更了解自己，無論我是誰，我都要為自己感到驕傲。

**女神：**不論女性能量在男性或女性的身上體現，都是非常迷人的，因為她有著柔軟、包容、愛、呵護。任何一個人散發這種特質，就會吸引人敞開心扉，而那就是兩人互相連結的開始，無論是親情、友情、愛情、萍水相逢之情，都會進入更深的層次，讓彼此認識對方。我說過，每一個在生命出現的人都是妳的鏡子，當每個人都有著女性能量時，彼此會看清楚鏡子中的自己，然後在愛與包容下，互相學習，讓彼此成為更好的人。

# ix

---

**Celine**：什麼是「脈輪」（chakra）？

**女神**：脈輪是梵文，這個字是漩渦、輪子的意思，代表生命力，身體與心的交匯點。脈輪共有七個，以人體的脊椎為中心，分為海底輪、臍輪、太陽神經叢輪、心輪、喉輪、眉心輪、頂輪。脈輪像身體的經絡，是身體能量的休息站及儲藏能量的地方，脈輪的開放與閉合、過度或不足，完全取決於內在的意識狀態。當脈輪開放，能量會不斷向外展延，充滿著不一樣的行動力，當脈輪閉合，它會影響整個身體能量的流動，也無法接受能量，讓人選擇封閉自己，也會失去自信。

若以圖像呈現，脈輪就像蓮花，根植在土地上，出淤泥而不染，代表一種純淨跟聖潔。

1. 海底輪（Root），第一脈輪：位在脊椎骨尾端。代表生命力及活力，是滿足我們生存下來的慾望的脈輪。
元素：土

2. 臍輪（Sacral），第二脈輪，又稱生殖輪，性輪，本我輪：位在肚臍的位置。代表自信、熱誠、勇氣、力量、創造力，同時連接的是情緒與享受性歡愉的能力。
元素：水

3. 太陽神經叢輪（Solar Plexus），第三脈輪，又稱太陽輪：位於橫膈膜的位置。控制身體和心靈，代表付諸行動的能力，自信、意志力、自尊、為大眾付出的能力。
元素：火

4. 心輪（Heart），第四脈輪：位於心臟周圍，全身脈輪系統的軸心。主要的力量為愛人與被愛，喜歡分享愛，親密關係的維繫，信任，無私的愛與慈悲。
元素：風（空氣）

5. 喉輪（Throat），第五脈輪：位於喉嚨前後。連結的是溝通，與自由表達的能力。
元素：音

6. 眉間輪（Brow），第六脈輪，又稱第三隻眼：位於雙眉之間。連結的是理性與感性，直覺能力及開悟能力。
元素：光

7. 頂輪（Crown），第七脈輪：位於頭頂中心。連結的是潛意識及智慧。
元素：思

例如第二脈輪過盛，可能需要很多性伴侶，性慾過強，反之，第二脈輪封閉的人，即使有性的慾望，也不好意思說出，或覺得是羞恥的事，有些人甚至沒有性慾望。

**Celine**：平衡脈輪對我什麼好處呢？

**女神**：妳需要留意脈輪的能量是過盛或是匱乏，最好的狀態是平衡。如果七個脈輪都處於平衡的狀態，妳的氣場與能量在與妳的身體及心結合之後，妳在任何空間裡就像一道光，綻放出七彩，對自己充滿自信，妳有無憂的生活，穩定的收入，帶來十足的安全感，也代表著妳穩定的情緒以及被滿足的性慾。妳有很強的意志力與自尊心，無論面對再大的打擊及衝突，妳都穩穩站著而不被擊倒。妳非常愛自己，也接受全部的自己，妳敞開胸懷，接受他人，也不害怕他人的評判，妳勇於表達，說出自己的想法、感受，表達自己的情緒，並且充滿創造力。妳有很強烈的直覺，與十分敏銳的感官，感受身體與心靈的連結，並感受自己與他人的互動，不論任何困境、不滿，妳都會靜下心來，在定性的狀態下，用智慧去解決。

**Celine**：要如何平衡我的脈輪呢？

**女神**：妳可以靠運動、冥想，或者參加課程。在老師的引導下，平衡脈輪。平衡的脈輪後不代表從此不會再匱乏或過盛，但是當妳懂得技巧，隨時可以練習平衡自己的脈輪。

**Celine**：在催眠的療程中，催眠師說我的海底輪、臍輪、心輪都是關

閉或匱乏。難怪我常常在社交場合裡，雖然可以與很多人互動，但是內心卻很不自在，因為我想保護自己，不想與他人分享太多自己，因為怕被評判。我也不愛自己，習慣取悅他人，透過別人認同來證明自我價值，原來是因為心輪是封閉的。

與 W 交往的時候，發現他有別的女朋友後，我就對於性行為或撫觸完全沒有興趣，甚至覺得骯髒，當然也造成海底輪完全封閉，沒有安全感，守不住錢，在工作上不知道未來的方向。

我的意志力非常薄弱，不知如何拒絕他人，所有的能量全部用來應付他人的請求，完全沒有想到、也沒有在乎過自己的感受，我沒有給予自己時間與能量，即便知道自己有什麼樣的天分，也從來沒有好好發揮及創造，我活在自己畫的框框裡，不敢跨出一步。

剛在紐約工作時，某個客戶辦公室在曼哈頓下城區，為期一個禮拜，必須一個人在客戶辦公室工作。那時候的主管認為我有經驗，完全沒有提工作的方向與重點。只留我一頭霧水，每天都加班到很晚。三天之後，他審閱工作結果，非常不滿意，要我全部重做，並且非常生氣地離開了客戶辦公室，在剩餘兩天的工作時間裡，如何完成工作？我非常擔心，毫無頭緒。我認識的同事屈指可數，打給其中一人，敘述我的狀況，雖然他很友善地想協助我，但問題是我連他所說的都聽不懂……後來甚至鼓勵我，向公司投訴主管的不合理。

最後一天晚上，我死命完成所有我認為該做的事，接近午夜，叫了車來客戶辦公室樓下接我回家。第一次工作到這麼晚，我不知道客戶把

我的門卡設置在當天午夜十二點就失效。我照常穿過一個捷徑去洗手間，而這個捷徑其實是通往內部電梯的走道，電梯兩旁進入辦公區都需要門卡，當我要返回辦公區時，居然被困在走道中間，大概兩米平方大小，所有人都下班了，隔天又是周末，當時我驚恐不已，手機又不在身邊。

我不停敲門，又在監視器前，不停揮舞我的手，希望保安人員可以看到，唯一看似緊急電話，卻是壞掉的。我想像自己將會在這裡被關兩天，開始感受到電影中發生災難而求助無援的心情。後來我聽到電梯的聲音，幸好是大樓人員來做安全巡邏，聽到了我的聲音，他協助我進入辦公區後，我快速收拾了東西離開。我充滿委屈，當時半夜兩點，臺灣的下午兩點，我打電話回家，爸爸接起的電話，我還沒開口就已泣不成聲，邊哭邊向我爸爸說事情經過，我不知道他有沒有聽懂，不過他一定知道我非常害怕。我一直哭，他一直安慰我，心裡感謝父親居然可以如此鎮定地面對我的情緒。

如果我懂得如何平衡身體的能量，愛自己，我在紐約的生活會完全不一樣。

**女神：**懂得拒絕及表達自己的想法，是愛自己的一種表現。當心輪的能量得到平衡，妳願意主動敞開心扉與他人接觸，無論談論到自己的陰暗面或脆弱之處，妳都不會擔心他人的想法，即使赤裸裸的，也充滿自信；如此，他人也會敞開心扉與妳分享自己。

妳在被療癒的過程中，的確很容易想起過往記憶，但是不要陷入，此

時想起這些事，只是讓妳更有信心，因為現在已經比以前更強大，過去就留在過去吧，妳的未來不是由過去決定的，而是現在的妳。

**Celine：**我發現我的喉輪及心輪在透過催眠療程後，已經漸漸地展開，比較有勇氣，表達自己的意見與想法，也會透過溝通，關心他人，漸漸不在乎他人對我的評判，只要我喜歡自己就好了。雖然還在練習的過程，不過我心裡感到非常的自在，因為我開始對任何人都敞開心扉，漸漸體會到生活的喜樂，專注力增強，因為腦袋不用再過濾什麼該說、什麼該做，想拒絕就拒絕，這是我愛自己的表現。

但是我的臍輪跟海底輪，經過多次療程，完全沒有改善。我對性就是沒有慾望，我不認為這有什麼不好，反正日子還是過得挺好的。我在幼稚園時就對性有想認識的慾望，當時還沒發育的我，已知道身體的哪一部位受刺激會有興奮的感覺，國小時我會偷看爸媽的性愛書或影帶，看的時候全身發熱，尤其是最敏感的部位。國小五年級時，我與一位要好的同班同學去屏東公立游泳池游泳，有位不認識的教練主動要教我們游泳，他讓我們先在泳池邊練習蛙式，練習時突然感覺有人的手指觸摸我的陰部，無知的我不知如何反應，他告訴我這樣的觸摸會讓我感到舒服，我和朋友快速離開泳池，衝去淋浴室沖澡，不斷搓洗被觸碰的地方，我覺得骯髒、噁心，我想我內心更痛恨的是不知如何反抗。我沒有告訴任何人，很多年來，假裝這件事不曾發生，那次之後，我也對性失去了慾望，潛意識覺得與他人有性行為是骯髒。

**女神：**我了解這事件對妳的影響，妳有原諒過自己嗎？如果再遇見那位教練，妳會對他說什麼？

**Celine**：我不願想起，也不願意面對，所以從來沒想過原諒自己。現在提起了，我知道我沒有原諒自己，當時若大聲制止他，或許有人會來幫忙，而對這事件有更好的處理，對我的傷害會更小。若再遇見他，希望他被繩之以法，讓受害者不再，我想大聲告訴他，他的行為對我的影響。有一天，我經過那個游泳池，它已經被拆掉，改建，記憶我不想找回，連地方都消失了。

**女神**：當作這件事沒發生對妳的影響大過妳勇敢面對它。相信我，妳可以勇敢面對這件事的，我會陪著妳。

**Celine**：我一直以為完全沒影響，我已經清楚自己在性歡愉的敏感帶，我可以取悅自己達到高潮。我對於與異性的性行為並沒有興趣，覺得那是一種不舒服的接觸。

**女神**：妳知道為何造物者給予人類性渴望與男女交歡的能力？男女交歡是一門藝術，當兩人赤裸在一起，身上可以遮蔽的衣物被褪去，妳無所遁逃，妳有信心地愛著自己與對方的身體，如此進行翻雲覆雨的能量交流是造物者想讓妳擁有的。如果妳站在鏡子前，不願面對裸身的自己，妳在做愛時，腦中會有很多不同的聲音，無法專注地享受當下。當妳與相愛的人做愛達到高潮時，是妳少數精神及能量與對方同時全然專注的時刻，是何等美妙。

很多東西的擁有或缺乏，的確沒有太大關係，但是如果願意給自己一次機會，去開啟性的慾望，感受性愛的愉悅，性的能量，性愛帶給妳的歡愉，妳觀察身體與心靈的改變，如果仍想壓抑性的慾望，妳隨時

有能力把它封閉起來,因為現在的海底輪以及臍輪就是妳的意識選擇將他們封閉的。

性慾望本是一股生命力,可以激發創造力,但現在的文化與社會裡,教育被壓抑。壓抑性慾望會剝奪來自兩性關係的親密,快樂及學習經驗。

當妳與相愛的人做愛,沒有言語溝通,只有身體與生殖器的交構,心與心的連結,你們可以盡情發出愉悅的聲音,此時彼此的能量是交流的,是流動,是循環的。當你們面對面,妳全身的脈輪與相愛的人是在相對應的位置,藉由興奮與高潮,每一個脈輪的震動都非常強烈,所有閉合的脈輪都會被打開,身體能量的交換會增加,達到陰陽平衡,並讓你們連接到能量的最源頭。

如果不存在性行為,你們也不會在地球上出現。

「性慾望有著最強大的力量,它刺激及開拓想像力、精細的洞察力、勇氣、意志力及毅力。」
"The sexual desire is the most powerful desire. It stimulates, develops imagination, the fineness of perception, the courage, the will and the perseverance."
──Napoleon Hill

**Celine**:聽妳說完,我會勇敢面對性侵對我的傷害。

**女神：**妳的意念可以完全改變性侵對妳潛意識的影響。

同樣，用二十一天為自己洗腦，以潛意識修復身體、心裡的創傷，讓自己重新相信有著吸引人的身體不是錯誤，是迷人的。

褪去所有的衣服，站在鏡子前觀察自己，看著自己的身體，從頭髮、眉毛、眼睛、鼻子、嘴巴、脖子、手臂、手、手指、胸部、乳頭、乳暈、肚子、肚臍、毛髮、陰部、大腿、膝蓋、小腿、腳踝、腳板、腳指頭……然後把雙手放在左胸心臟跳動的位置，深呼吸三次後，感受自己的心跳，感受自己是最美的。對著鏡中的自己說，「謝謝 Celine，我愛 Celine。」並對鏡中的 Celine 充滿著愛且微笑。如此不斷重複，每天十分鐘，不間斷地持續二十一天。

**Celine：**我做了練習。剛開始並不敢正視我的身體，並且有很多評判，前面幾天，站在鏡子前練習，未滿十分鐘就趕快穿回衣服，腦袋一直懷疑，這方法有效嗎？我身體有什麼好看的？胸部這麼小，小腹微凸，屁股扁平，脖子掛滿皺紋……縱使有很多懷疑，我還是持續做了練習，到了第十九天，終於發自內心對自己的身體微笑，無論任何部位，我都沒有不滿，我充滿歡喜我擁有這個身體，它對我是如此有愛，即使我對它多年來的不喜歡，依然運作不休，讓我可以用這個身體去體驗人生。

二十一天的練習後，我真的很愛我的身體，我愛觀察我的身體，每天看著赤裸的身體，我微笑著。

**女神：**去享受性愛的所帶來的驚喜吧！

**Celine：**我剛剛跟我愛的男生做完愛。我對自己身體的自信，吸引他不斷取悅我的身體，我身體內的能量快速流動，讓我興奮，在高潮時，我所有的毛孔全開，迎接愛的降臨。我知道我們撫摸對方時，我的身體是自信又柔軟，他像王者引領我在能量流裡穿梭，我臣服、接受他的引領，那不只是一個能量交流與身體交歡的盛宴，讓我知道我已深深愛上自己。

**女神：**這是美妙的經驗。從我們對話以來，妳與我的連結越來越緊密，我的出現是為了開啟妳的女性能量，讓妳聽見內心的聲音，讓妳愛上自己。我的聲音與妳心智的聲音已經達到一致（alignment），妳內在是平靜、充滿愛、敏銳、溫柔、有智慧。

去發揮無限的創造力吧。

妳是女神，妳的神性女性能量與愛正在宇宙是一的空間裡無限綻放，這個空間因為妳正在轉化。

謝謝妳的聆聽，我很愛妳，會一直在妳身邊！

# II

## 食物的真面目

Reality of Food

文字撰寫 Writer：Saptarshi Mukerji

**Saptarshi Mukerji** ｜ Saptarshi 出生在泰瑞莎修女曾居住的城市加爾各答。Saptarshi 的家離泰瑞莎修女家非常近。來自一個非常傳統的印度教家庭，Saptarshi 從小就開始懷疑傳統價值觀。他在一個充滿印度文化的家庭中長大，經常感到格格不入，因為他的思想不時跳脫社會傳統。十五歲時，他和家人移居紐西蘭，在那裡完成了高中及大學學業。來自印度的移民多半是工程師或醫生，他父親是一名工程師，他追隨父親的腳步，選擇工程學。特別的是，他選擇從工程學院完成多個不同類的科目。十八歲時，他的母親被診斷患有乳癌後，他開始意識到自己的人生目的，他的生活有了重大轉變。他的母親經歷了非常艱難的時期，與癌症和所有治療方法對抗。他母親經過很長的時間才康復，過程中 Saptarshi 感到無助和沮喪，他無法幫助母親，於是開始尋找治療和治癒癌症的答案及替代方法。

這一章是關於女性食物和能量，超越傳統觀點，對健康有更深層次的研究和探索。透過改變內在的聲音和心態，進而改變你的健康模式。他不希望有人像他一樣受苦或像母親一樣經歷癌症。Saptarshi 的人生目標和使命是創造一個無癌症的世界，並協助無數癌症患者使他們獲得有效治療。

# 營養對現代生活的影響

———

在我開始分享現代生活對營養學的看法之前，我首要的問題是：「對人類最好的飲食是什麼？」我不是營養學家，也不是營養師，但在二〇〇三年，我的母親與乳癌奮鬥之後，我開始研究營養與養身飲食。在印度家庭的成長背景下，我與家人對食物及營養的知識並不存在。

我從小到大的飲食以印度食物為主，可以說有許多的米飯，以及由麵粉、大量的肉及添加印度香料的咖哩所做的印度烤餅，這些都是我們喜歡偶爾一試的美食，但這是我從小到大主食。食物中充滿了香料，有時候油滋滋的，特別是含有高碳水化合物與蛋白質。家裡或學校從未教過我，有關加工食物與營養飲食如何是必需品的指引。自小以來，晚餐時間不是由我的母親燉煮咖哩，就是我們一起出門上餐館。

事實上我認為我很健康。我頻繁運動並吃得很講究，如油膩的食物及所有食物，我體內有許多纏人的疾病，有時會感冒或發燒，也受到黃疸病與許多種過敏所苦。環境與汙染問題是主因，但造成我的免疫系統虛弱的原因之一，就是我吞下肚的所有垃圾食物與加工食品。

而在我的母親確診罹患乳癌後，這樣的無知也開始令人擔憂了，就連醫師們對於她治療期間營養與食物的作用也一無所知。除了醫院食物的選擇令人難以下嚥外，她還被要求吃下肉食餐點來增強她的免疫力。在化療與放療期間，要吞嚥任何食物已經相當困難，而她當時的味蕾也不適合吃肉。

知道我對飲食、營養與健康一竅不通，我便開始研究以及閱讀有關飲食的書。

這一章節將向各位介紹我的研究結果，以及我對養身飲食的看法。

我們現今患有的許多疾病，包括肥胖、心臟疾病與癌症，都是熱衷於宣導健康的克勞斯（Joe Cross，著有《瀕死病胖子的減肥之旅》）所說的「無知的疾病」。只要我們了解飲食計畫對整體健康會造成什麼影響，這些疾病大部分都可以被避免。

對於營養我們就不細談，也不會討論艱澀難懂的用語，但了解我們身體組成結構是非常重要的。艾薩克・牛頓曾說：「能量既不能被創造，也不能被毀滅，它只能從一種形式轉換成另外一種。」我們人體由皮膚、肌肉、血管、水、細胞、分子、原子與中子組成，你甚至還可以將其分解成更小的粒子。我們身體每一部分都有電能、勢能與動能的能量存在，因此我們需要能量才能存活下去。

當我們進食的時候，我們會咀嚼食物，將他們咬成極小的顆粒，並且混雜著口水與毒物一起嚥下肚，這分解了食物分子，並將它轉換為一種能量，可以被我們的胃所吸收與消化，接著再將這種能量透過血液傳到我們的身體各處。如果你能夠分解食物能量，你會發現它包含了好能量與不好（暗）能量，（尤其是加工食品），這些不好的能量被身體吸收之後，不會讓我們的細胞變得活力十足。

如果這是很簡單實例，是不是我們應該只要吃乾淨的非加工食品，就

可以遠離癌症這樣的疾病？我們的身體是個複雜的化學與物理生態系統，我們只了解它的生理變化而已，人類仍在探索身體的能量狀態。現代營養學讓我們有機會從最佳的能量角度修復我們的身體，進而提升免疫系統、延長壽命。

# i 女性能量與食物的源頭

每個有機體的食物來源統統來自同個地方,那就是「大地之母」。人類多年來總是聚焦貿易,彼此相互競爭、製造食物資源以求生。假若我們從能量的角度來看,食物是陰性的,而這世上的所有事物都存在著正反兩面,對於女性能量(陰)或男性能量(陽)來說也是。食物來自大地之母,為固體,比空氣中的能量,甚至是思想與覺知相比更具女性能量;軟的脂肪也比硬的肌肉還要具女性能量。

很多的書與雜誌總是在給我們各種選項,該如何吃得最好、吃得健康,我對此永遠充滿懷疑,不確定哪個資訊是正確的,對哪個資訊又得抱持保留態度。當我的母親與乳癌對抗時,許多人給我建議,告訴我她在化療與放療期間該吃什麼,為了增強她的免疫系統並且恢復活力,我也從醫師及營養師那邊得到一些有關食物、蔬菜與飲食計畫的建議。每種方法都嘗試過了,但她感受到的還是一樣,沒有一項飲食計畫與建議奏效。

於是我挽起袖子,開始研究各種癌症網站與營養計畫,但我接收到的資訊與研究多到令人難以招架,我沒有辦法決定哪種食物來源對我的母親才是正確的,尤其每天的治療都讓她虛弱難捱。但最終,只有她的身體才能回應及溝通自己的對食物的需求。最重要的不是食物的來源,而是知道自己的身體想要什麼。當她開始傾聽來自身體的聲音,吃下自己喜歡的食物,她身體的恢復速度大幅提高。

我們都知道我們的身體想要什麼，而大多時候我們並不在意或是傾聽身體的聲音。我們經常被朋友們的建議所影響，所謂的立案專家也都會建議我們該怎麼吃比較好，但我們才是自己身體的醫師與營養師，我們所有人都需要在乎並且傾聽身體的聲音，問自己的身體，被好好照顧的感覺是如何呢。

答案是肉眼看不見的，答案存在於我們的心中，我們需要往內在發掘，傾聽其中的任何徵兆，就連呼吸也算是食物來源，對身體免疫系統有著大幅影響，能讓我們的身體恢復精力。

我們每一個存在，包括動物、物品與植物，都是由能量組成，每個人都有相當高的振動速率，而振動速率越高越好。我們的能量由我們的飲食構成，舉例來說，如果我們吃肉，我們的振動能量就會非常低，因為我們吃下的動物可能生前過得不好，或是死得不安穩，這就是負能量，這也是為什麼我們必須注意吃下肚的所有東西。

即使了解食物來源至關重要，我們現在應該更著重於避免吃下加工食品，以及混雜殺蟲劑的食物，但是要確定食物來源並且依靠值得相信的資源近乎不可能。在我進行廣泛的研究期間，我在澳洲遇見了一位不需要食物就能存活下來的女性。有趣的是，我們總是想吃各種新的肉類與食物，那些食物總會刺激著我們的視覺與味覺，但這位女性，她不用進食也能過生活，五十歲的她比許多人還要健康與耀眼。「當你用愛滿足自己，你就不再需要吃東西了。」

這種「食氣者」的生活方式主旨是，利用宇宙間的能量維持生命，其

中一本相關的出版物《食氣者——以光維生》（Living on Light）就形容此書是「令人著迷的故事，敘說一名女性純粹靠著光照維生的心路歷程」。此書也談論了身體的不朽、靈性與性慾、新千禧世代的關係，以及如何在利用多維生物場科學的計算後掌握自我心靈，還有許多許多。

沒錯，潔絲慕韓（Jasmuheen）確實花了四十多年調整自己，並且走上另類的滋養身體之路，這項方法可以讓我們的人體系統從所有身體、情緒、心理及心靈的飢餓解脫！我的意思並不是要大家停止進食，過著沒有食物的生活，而是要大家想想這個問題，「我們需要食物才能擁有健康人生嗎？還是我們受到社會制約，相信我們需要食物才能存活下去呢？」

在這章節中，我想要向你們進一步介紹自我意識，以及為了健康生活，一些我自己開始實踐的做法。

# ii 有意識的營養

呼吸是人體最重要的功能，從我們來到世上的那一刻，直到我們離開人世，我們持續在呼吸，沒有氧氣的話，我們撐不了幾分鐘的。平均來說，我們一天呼吸兩萬三千次，也就是每年近乎八百三十萬次，但我們仍會直覺地認為，我們人體主要靠食物、液體與水這三項東西運作。儘管我們可能比較喜歡食物與液體，實際上提供能量、讓身體能夠運作的還是氧氣。

氧氣經過一種稱為氧化的作用後，能夠在化學上將食物與液體改變為能量。收縮肌肉、修復細胞、灌溉大腦，以及舒緩神經的功臣正是這種「氧氣之火」，而不只如此，呼吸也是我們淨化身體最主要的工具。

我們的人體每天燃燒大約七千億老舊細胞，這些老舊細胞都帶有毒性，人體系統必須除去這些細胞。這是人體既正常又自然的運作過程，除非因為某些原因，導致這些有毒廢物的排除速度和製造速度不一，否則我們不必擔心。

只要我們適當地呼吸，吸取大量氧氣，就會有足夠能量，廢物也能夠輕易地被排出體外，而當我們吸入的氧氣不夠時，問題也隨之產生。你想想，人體能夠儲存食物與液體，但無法儲存氧氣。我們活著的每分鐘，都需要持續提供細胞新鮮的氧氣。

你聽過細胞呼吸這個詞嗎？細胞呼吸形容的是一種消化過程，在這期

間食物會逐漸分解、提供細胞能量，此時細胞會利用氧氣分解糖，產生三磷酸腺苷（ATP）。ATP 是提供細胞能量的一種分子，而二氧化碳與水就是這過程的副產品。

健康狀態、活動程度與水含量都會影響一個人所需的氧氣量，若沒有足夠氧氣，身體肯定會出現問題。有許多原因解釋氧氣為何比較好，一項研究就指出，被補充氧氣的白老鼠 T 細胞總數比較高、免疫功能較好，壽命大約是吸取一般氧氣量的老鼠的兩倍。

吸引我進一步研究這領域的是呼吸對我們人體的影響，以及呼吸是如何影響我們的意識。我熱愛食物，喜歡嘗試各種佳餚，我相信外頭有數百萬個像我一樣的人，希望前往各地旅遊，嚐嚐不同的美食，但在這過程中，我從未想過這會如何影響我的健康。

我會吃是因為我想要嘗試新的事物，或者是我喜歡某種食物的顏色與香味，最重要的是食物啟動了不同味蕾。當時的我一定不會在意自己的飲食習慣、我所吃的東西，以及食物帶有的營養價值。

二〇〇九年，因為我想要學習專注，我開始對冥想產生興趣。我前往紐西蘭的冥想靜修院待了十天，那裡不會收費，我很多朋友都高度推薦我去參加。這種冥想稱為「內觀」，是佛陀會進行的一種傳統冥想技巧，著重的是對全體人類來說最自然的事情，也就是呼吸。

那是個寂靜無聲的冥想靜修院，入內不得攜帶任何手機、書本或筆，只能帶每日換洗衣物，當然還有我自己。在這期間，我不能與任何人

談話，對其他人來說，這似乎相當可怕，不僅十天不能說話，每天還得靜坐冥想十二至十四小時。相信我，對於當時的我來說確實相當可怕，在那之前我從未嘗試過任何類似的事，也不知道究竟會發生什麼事。不過，經過四天的冥想與練習，我的思緒開始變得清澈，身體開始感受到過去從未體會到的不同覺知。

我們的身體由細胞組成，每個細胞都有知覺，但全被掩蓋，因為我們的心靈並沒有意識到這點，而忙著思考其他想法。我們的腦袋每分每秒都會根據我們所經歷的事物產生新的想法，顧著解決問題，順應周圍環境，而不是面對並感受細胞所受到的刺激。

在親身體驗冥想之後，我第一次能感受到體內的能量流從頭頂流動到腳趾，就好像我終於死而復生，能夠感受到我身體的存在，感受血流、身體上的每個細胞，感受這一切是如何運作的，這讓我意識到，之前的我有多麼脫離當下。

在靜修院期間，我們沒有晚餐吃，但有早餐、午餐、晚茶與水果。令人訝異的是，我從未感到飢餓，我的腸胃沒有咕嚕咕嚕叫，也沒有討著要更多食物。我的思緒也沒有忙著抱怨，反倒相當滿足，不停探索並發掘新的知覺，我甚至開始在乎我放入嘴裡的食物，每一口都相當在意。吃東西時，我開始體驗到新的味道與感受。過去的我只會為了吃而吃，或是受到食物所吸引，而不會感受食物的味道。而在靜修院的這段期間，對於每一口食物，我都專心咀嚼著，專心感受食物，感受各式各樣的味道。

在那期間，我夜晚都睡得非常好，沒有出現任何內臟或消化問題，就好像我的內臟被清潔排毒，讓我獲得前所未有的能量。每天早上我都能感受到能量流，清晨四點起床後，便前往會堂冥想。我覺得自己變得輕盈有活力，像是生理年齡少了許多歲，也是我第一次覺得身體恢復活力、變得更年輕了。

我會分享自己冥想與呼吸的經驗，並不是為了要說服你只能透過這些方式來感受自己的身體，而是希望喚起你的意識，告訴你還有許多其他技巧與工具能夠讓你活在當下。

不過，不論我們使用哪種方法，最重要的是，我們要知道體驗與了解身體的存在，能夠幫助我們立即轉換心靈，並啟動潛意識自我免疫反應系統。這種系統平時只會在身體受到外來刺激，或是對抗細菌或病毒時才會啟動，而透過冥想或呼吸等技巧啟動免疫系統的話，能夠讓我們保持健康，修復我們逐漸衰老的身體，讓細胞恢復活力。

多年下來，我們人類對自然的態度有所轉變，遺忘了自己內在的力量。因為我們身穿衣服，能夠掌控住家與工作環境的溫度，導致我們大幅減少身體受到的自然刺激，使得經過多年演化、與我們生存基本功能相關的身體機制逐漸衰退萎縮。由於這些深層的生理結構不再被觸發，我們人體不再與內在力量有所交集。藉由刺激這些生理過程，可以重新喚醒這種內在力量。

在此章節的尾聲，我寫下我實踐生活的十二個步驟，這些步驟每天幫助我專注於身體並且活在當下。我再說明一次，這並不是規則手冊，

我絕對不想強迫任何人照著這些步驟走，但這裡有些訣竅我希望你們嘗試看看，藉由這些體驗找出生活的改變。

# iii 平衡生活

Ikigai（日本人長壽及幸福生活的祕密）活出健康：雖然 Ikigai 是談論日本自古以來的規則。我為自己的平衡生活創造一個公式，就是「平衡圈」，我稱之為找到「平衡生活」的 12 個步驟：

**健康 Health**　　**財富 Wealth**

心智與身體
Mind and Body

財務自由
Financial Freedom

平衡生活
Balance for Life

家人和朋友
Family and Friends

**關係 Realationship**

## 關係：家人和朋友

| | | | 評分 |
|---|---|---|---|
| 1 | 愛情關係 | 在目前的愛情關係裡，你有多快樂？ | |
| 2 | 友誼 | 支持你的朋友網絡有多強大？ | |
| 3 | 家庭生活 | 你和你的伴侶，孩子，父母和兄弟姐妹的關係如何？ | |
| 4 | 社區生活 | 你在社區中有擔任任何角色嗎？ | |

## 健康：心智與身體

| | | | 評分 |
|---|---|---|---|
| 5 | 健康 | 依據你目前的年齡和身體狀況，你如何評價你的健康狀況？ | |
| 6 | 知識生活 | 你學習和成長的速度有多快？ | |
| 7 | 技能 | 你是否正在發展使你獨特或停滯不前的技能？ | |
| 8 | LIFE 靈性生活 | 為讓你保持平衡和平靜，你有多少時間投入在靈性，冥想或沉思的練習？ | |

## 財富：財務自由

| | | | 評分 |
|---|---|---|---|
| 9 | 事業 | 你人生一直在成長還是陷入困境？ | |
| 10 | 充滿創意的生活 | 你是否參與任何可以激發你創意的活動？ | |
| 11 | 財務狀況 | 你如何規劃財務預算，一周，一個月或一年計劃？你對自己的財務狀況感到滿意嗎？ | |
| 12 | 自由度 | 你是否感到自由地正在做你想做的事情？ | |

從 0-5 開始對每個問題進行評分：

0 - 真的很糟糕：你需要立即關注自己的狀態

1 - 糟糕：你需要一個改進的計劃

2 - 好：你需要落實一些改進和計劃

3 - 更好：您的計劃在實踐中並需要監控

4 - 最佳：您的計劃正在運行，需要每月六個檢查點

5 - 優秀：你已經轉化並為下一個階段做好準備

這些是為了客觀地評估你生活中每個領域的當前狀態。在完成客觀評估後，匯總分數並給自己一個「生活評量」。這是為你評估當下的生活狀態以及你想要改進的地方。在你的生活中要獲得六十分的完美分數是不易的，這意味著轉化和改進要在日常中落實，並且不斷評估和改進，以創造平衡生活。我們都想要做到最好，但是，我們常常忘記在生活的各個方面取得平衡。通過這個練習，你會知道你當下的狀態。

正如 Paulo Coelho 所說：「學習，只有一種方法。」煉金術士的唯一答案：「那就是透過『行動』。」

你的行動創造你的真實世界。

**Saptarshi Mukerji** | Saptarshi was born in Kolkata, the city where Mother Teresa lived. Saptarshi was growing up in a house very close to the house of Mother Teresa. Coming from a very traditional Hindu family, Saptarshi from a very young age had a curious mind questioning the traditional values. As he was growing up in a very cultural family, he could experience constantly feeling out of place and alone as his thinking was untraditional. At the age of 15, his family migrated to New Zealand where he got to complete his high school and attended university. It was not a coincidence that he chose to do Engineering, given his dad was an Engineer and coming from a traditional Indian background it was either Engineering or being a doctor. Surprisingly he chose to pursue Engineering, given the choices he chose to take on doing multiple subjects from various faculty of engineering. At the age of 18, his mother was detected of breast cancer. It was at this point a big shift in his life happened when he started realising about his purpose. His mother went through a very rough time battling the cancer and all the treatments. Saptarshi was feeling helpless and frustrated that he could not help his mother, and started to look for answers. It took a while for his mother to recover, however Saptarshi was still in the process to find out alternative ways of healing and curing cancer.

This chapter about food and energy for women is a research and exploration to the deeper side of healthy looking beyond the traditional landscape of what you are always taught about. It is about altering that inner voice and changing the mindset to change your health patterns. No one again have to suffer like him or like his mother going through Cancer again. Saptarshi's goal and mission in life is to have a cancer free world to impact a billion people's lives who are suffering from cancer and heal them.

# Nutrition in Modern Living

Before I begin to share my opinion on nutrition in modern day living, my first question to begin with is " What is the best diet for the human species? " I am not a nutritionist, nor a dietician, however my research into nutrition and healthy eating started in 2003 when my mother went through breast cancer. Growing up in an Indian family, my knowledge about food and nutrition non-existent.

My diet growing up was primarily Indian food consisting mainly of rice, rotis made from wheat flour, and a lot of meat and curries with Indian spices. These delicious Indian foods were my staples growing up. The food was full of flavour, oily (at times), and particularly high in carbs and protein. There was no education at school or at home about processed food, or guidance on how a nutritional diet was necessary to have a healthy lifestyle. Growing up, either my mother would be cooking curries for dinner, or we would be going out to eat at restaurants.

I actually thought I was pretty healthy, I would play a lot of sports and eat well (fatty foods and all), and internally my body was riddled with ailments. I suffered from fevers and colds from time to time, jaundice and multiple allergies. Pollution and the environment could have been a factor, however, one of the causes for my weak immune system was all the junk and processed food I was putting into my body.

When my mother was diagnosed with breast cancer, it was apparent that our lack of awareness was alarming. Even the doctors, at that time, were unaware of the impact of nutrition and food during her treatments. Besides the horrible hospital food options, she was given a meat diet to increase her immunity. She was struggling to have any food during her chemo and radiation treatments and her tastebuds were not suited to meat heavy diet. Knowing my lack of awareness in food, nutrition and health, I started researching and reading about food.

This chapter is about sharing my findings and my point of view on healthy eating.

Many of the diseases we suffer from today - obesity, heart diseases, cancer etc. - are what wellness advocate Joe Cross (of Fat, Sick, and Nearly Dead) describes as "diseases of ignorance". These diseases can largely be avoided if only we understood the role of our diets play in contributing to our overall health.

Without going into too much detail and the technicalities in nutrition, it is important to know our body compositions. To quote Isaac Newton "Energy can never be created or destroyed. It is transferred from one form to another. "Our human bodies are made of skin, muscles, blood vessels, water, cells, molecules, atoms, neutrons and even smaller particles. Our bodies have electrical, potential and kinetic energies. Hence, our bodies need energy to survive.

When we eat, by chewing our food and breaking them into tiny particles to mix with our saliva and toxins, it breaks the food molecules into a form of energy that can be swallowed and digested by our stomach, where the transfer of the energy enters through our blood stream. If you can break down the food energy, you will find it contains both good energy and bad (dark) energy, (specially found in processed food). These bad energies, when absorbed into our body, do not energise our cells.

If this is simply the case, then should we just have clear, non-processed food to remove diseases like cancer? Our bodies are a complex chemical and physical ecosystem that we only understand physiologically. However, humans are still discovering our bodies are a state of energy. Modern nutrition gives an opportunity to repair our bodies at an optimal energy level to boost our immune system so that we can live longer.

# i Female Energy and Source of Food

Food source for every living organism comes from the same place, MOTHER EARTH. Over the years, human beings have focused on trade and competed with each other to produce food sources to survive. From an energetic point of view, food is feminine. Everything in this world consists of opposites, either to the energetically Feminine (Yin) or the energetically Masculine (Yang). Food coming from MOTHER EARTH that is solid matter is more feminine than energies in the air, or even thoughts and awareness. Soft fat is also more feminine than hard muscles.

There are numerous books and magazines that are always giving us opinions on how to eat well and be healthy. I am always sceptical to know which information is right and what needs to be taken with a grain of salt. When my mother went through breast cancer, I got a lot of advice on what she should be eating during her chemotherapy and radiation therapy. To boost her immune system and give her strength, I got advice from doctors, and nutritionists on specific diet plans. We tried it all. However, nothing changed, and she felt the same. None of the meal plans and recommendations were useful.

At this point, I started researching through multiple sources from Cancer Sites and nutrition plans. The level of information and research I discovered was overwhelming. I was not able to decide what source of food was the right source for my mother, as she had to endure and struggle through her therapies every day. Ultimately, her body responded by communicating what she needed the most. It was not the source of food, it was her knowing what her body wanted. When she started listening to her own body and started to have the food that she craved, it made a rapid improvement in her recovery.

We know what our body wants and most of the time we are not aware or listen to our body. We are often attracted by the recommendations from our friends, and so called registered professionals suggesting to us what to eat. We are our own doctors and nutritionists and we need only to be aware and listen to our body and really ask what it feels like to be nourished.

The answer is not outward, the answer lies inward to be more aware and listening to the signals within. Even breathing is a source of food that highly impacts our body's immune system and helps to replenish our body. Every one of us, including animals, objects and plants, is composed of energy that has a relatively high vibrational rate. The higher the vibrational energy, the better. We are the energy of what we eat. If we eat meat, for example, our vibrational energy level may be low because the animal probably didn't have a peaceful life or death, and we have taken on this negative energy. That is why we must pay attention to everything we put in our bodies.

Even though it is important to know the source of the food, as we should be more careful these days to reduce having processed food and food with pesticides. However, it is next to impossible to decide where the food is coming from and rely on a trusted source. Through my extensive research I came across a woman in Australia who lived without food. What was interesting was that we are always craving for all new kinds of meat and food that excites us what we see and taste, but this woman, lived her life without eating. And she is more healthy and glowing even at her age of 50.

"When you fill yourself with love, you no longer need to eat."

The "breatharian" lifestyle - the premise of which is that you can sustain yourself using the energy from the universe. One of these publications - called Pranic Nourishment or Living on Light - describes itself as a "fascinating story of the woman's personal journey into being physically sustained purely by Light." "It also touches on physical immortality, spirituality and sexuality, new millennium relationships and mind mastery utilising the powerful programming of Dimensional Biofield Science, "the blurb continues.

Yes it's true Jasmuheen has spent over 4 decades tuning to alternate channels of nourishment that can free our human systems from all of our physical, emotional, mental and spiritual hungers! I am not saying we stop eating and live life with without food, however, it begs the question to think about DO WE NEED FOOD TO LIVE A HEALTHY LIFE? Or we are conditioned to believe from society we that need food to survive.

In this chapter, I want to introduce you to more of being self-awareness and some practices that I have put into place myself to live a healthy lifestyle.

# ii Conscious Nutrition

Breathing is the most important function of the body: we breathe from the moment we are born to our passing. We would not last more than a few minutes without oxygen and on average, we breathe 23,000 times a day, i.e. almost 8.3 million times a year. Yet we don't give a second thought that our bodies process three things: food, liquid, and oxygen. And while we might enjoy the food and the liquid more, it's the oxygen that actually provides the fuel that runs our body. Oxygen, through a process called oxidation, chemically changes food and liquid into energy. It's this oxygen fire "that contracts our muscles, repairs our cells, feeds our brains, and even calms our nerves. Not only that, breathing is our body's chief cleansing tool.

Every day, our body burns off some seven hundred billion old cells. These old cells are toxic and must be removed from our system. This is a normal, natural process of the body and nothing to worry about unless for some reasons, this toxic waste material is not eliminated at the same rate as being produced. As long as we're breathing properly and getting plenty of oxygen, there is sufficient energy and the waste is easily eliminated. The problem comes when we don't take in enough oxygen. The body can store up food and liquid, but it can't store oxygen. Every minute that we are alive, we must continually provide our cells with a stream of fresh oxygen.

Have you heard of the term Cellular respiration? This term is used to describe the phase of the digestive process when food breaks down to supply cells with energy. During cellular respiration, cells use oxygen to break down sugar to produce adenosine triphosphate ( "ATP" ). ATP is a molecule that supplies cells with energy. The by-products of the process are $CO_2$ and water. Health status, activity level, and hydration are factors that affect how much oxygen a person needs. Without adequate oxygen, health problems are guaranteed. There are a lot of reasons why more oxygen is better. In one study, laboratory mice that received supplemental oxygen had better T-cell counts, immune function, and lived about twice as long as mice with normal oxygen levels.

What has encouraged me to look deeper into this topic is the effect of breathing on our bodies and how it affects consciousness. I am a foodie and love experimenting with all kinds of food and cuisine. And I am sure there are millions of people like me who want to travel and taste all kinds of different cuisines. In the process, I never thought how it was impacting my health. I ate because I wanted to try new things, or I loved the colour and smell of the food. Most importantly food activated different taste buds. I was definitely not conscious about my eating habits, what I am eating and also about the nutritional values in the food.

In the year 2009, I got interested in meditation as I wanted learn to focus. I went for a 10-day meditation retreat in New Zealand. It was free and was highly recommended by many of my friends who had been. It was called Vipasanna, a traditional meditation technique that was practised by Buddha, that focuses on the most natural things for all human beings, i.e. breathing. It was a silent meditation retreat, where I was not allowed to take any phones, books, pens and pencils. I could only take daily change of clothes and myself.

I also couldn't talk to anyone for 10 days of the meditation retreat. It may seem quite scary to other people, to be not able to talk for 10 days and sit and meditate for 12-14 hours each day. And believe me, it was quite scary, as I had never tried something like that before and did not know what to expect. However, after four days of meditation and practising, my thoughts started to clear and I started to experience so many different sensations on my bodies that I was never aware of.

Our bodies are made of cells, and each cell on our bodies has sensations that get blocked because our mind is not consciously aware, but busier with other thoughts. Our mind is constantly creating new thoughts every moment, based on the experiences we go through life and it is busy solving problems and reacting to the environment rather than being present to the sensations of the cells.

Going through the meditation exercise myself, it was for the first time I became present to the flow of energy in my body from the top of my head to the bottom tip of my toes, as if I was finally being awakened from the dead to feel my body and experience the blood flow, experience every cell on my body and how it was all working. It made me realise, how much I was not present and conscious.

At the retreat, we were not given dinner, we had morning breakfast, then lunch and an evening tea and fruits. And surprisingly, I never felt hungry, my stomach was not growling nor it was asking for more food. My mind was not busy on complaining, rather satisfied and fulfilled, it was busy exploring and discovering the new sensations. I started to even become conscious of what I was putting into my mouth and being conscious of every bite of food I took. I started experiencing new tastes and sensations whereas before I would just eat for the sake of eating or because I was attracted to the food, not experiencing the taste of food. This time in the retreat, every bite of food I took, I was consciously chewing it and experiencing the food and was being present to all the flavours and tastes.

In that process, I was resting well at night and did not have any gut or any digestive issues. As if my guts were cleaned and detoxed and gave me a new level of energy. I could feel every morning an energy flow, waking up every morning at 4am and going to the hall for meditation. I felt lighter and energised. It was a feeling as if my biological age was getting reversed and for the first time, my body was feeling younger and rejuvenated.

My point of sharing my experience through meditation and breathing is not to convince you that these are the only ways we can start becoming conscious about ourselves. It is to bring awareness, that there are many other techniques and tools to use to be present and conscious. However, does not matter which tool we use, it is important to learn that being aware and being conscious alters our mind instantly and activates our subconscious autoimmune response system that acts only when there are some external shocks or our body is fighting against bacteria or viruses. However, the activation of the immune system through techniques like meditation, or breathing empowers us to stay healthy, and heal our ageing body and rejuvenate our cells.

Over time, we as humans have developed a different attitude towards nature and we've forgotten about our inner power. Because we wear clothes and artificially control the temperatures at home and at work, we've greatly reduced the natural stimulation of our bodies, atrophying the age-old mechanisms related to our survival and basic function. Because these deeper physiological layers are no longer triggered, our bodies are no longer in touch with this inner power. The inner power is a powerful force that can be reawakened by stimulating these physiological processes.

In this final section of the chapter, I am putting down the 12 steps of my practice that has helped me to be conscious and be present on a day to day basis. Again, this is not a rules manual and I definitely don't want to force anyone to follow exactly this, however, here are some tips and I would love you to try out and experiment to find the difference it may make your lives.

# iii Balance of Life

Ikigai (The Japanese secret to a Long and Happy life ) to live a healthy Life : Although Ikigai, talks about its own ancient Japanese principles, I have defined my own for a balanced life.

The circle of balance, or what I call the 12 steps to find balance :

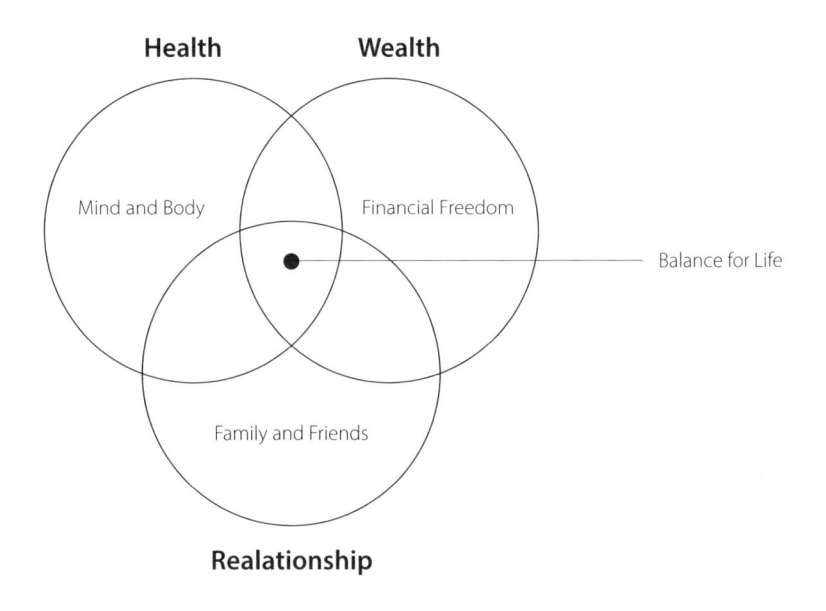

## Relationship: Family and Friends

| | | | Rating |
|---|---|---|---|
| 1 | **YOUR LOVE RELATIONSHIP** | How happy are you in your current state of relationship? | |
| 2 | **YOUR FRIENDSHIPS** | How strong a support network you have? | |
| 3 | **YOUR FAMILY LIFE** | How is your relationship with your mate, children, parents, and siblings? | |
| 4 | **YOUR COMMUNITY LIFE** | Are you playing a role in your community? | |

## Health : Mind and Body

| | | | Rating |
|---|---|---|---|
| 5 | **YOUR HEALTH AND FITNESS** | How would you rate your health, given your age and any physical conditions? | |
| 6 | **YOUR INTELLECTUAL LIFE** | How much ╱ how fast are you learning and growing? | |
| 7 | **YOUR SKILLS** | Are you growing the skills that make you unique or are you stagnating? | |
| 8 | **YOUR SPIRITUAL LIFE** | How much time do you devote to spiritual, meditative, or contemplative practices that keep you feeling balanced and peaceful? | |

## Wealth : Financial Freedom

| | | | Rating |
|---|---|---|---|
| 9 | **YOUR CAREER** | Are you growing or stuck in a rut? | |
| 10 | **YOUR CREATIVE LIFE** | Do you engage in any activity that channels your creativity? | |
| 11 | **YOUR FINANCES** | How is your financial budget planning for the week, month or year? Are you happy and content with your finances? | |
| 12 | **YOUR FREEDOM** | Are you experiencing freedom to do what you want? | |

Given a rating to each of these questions from 0-5 following the convention:

0 – Really bad : you are required immediate attention
1 – Bad : you need a plan of improvement
2 – Good : you need some improvements and plans in place
3 – Better : your plans are in practise and require monitoring
4 – Best : your plans are working and require a six-monthly check point
5 – Excellent : you have transformed and are ready for the next level

These are created to assess fairly the current positioning of each area of your life. After you have done a fair assessment, aggregate the score and give yourself a Total Life Score. This will give you an assessment on how you are in your life as of today and the areas that you want to improve. At no point of your lives will you get a perfect score of 60, which means transformation and improvement is a daily practice to continuously assess and keep improving to create a balanced life. We all want to achieve the best, however, we often forget to have the balance in all areas of life. By doing this exercise, you will find where are you at today.

As Paulo Coelho said "There is only one way to learn," the alchemist answered "It's through Action."

Your action creates reality.

# III

## 隨記心語

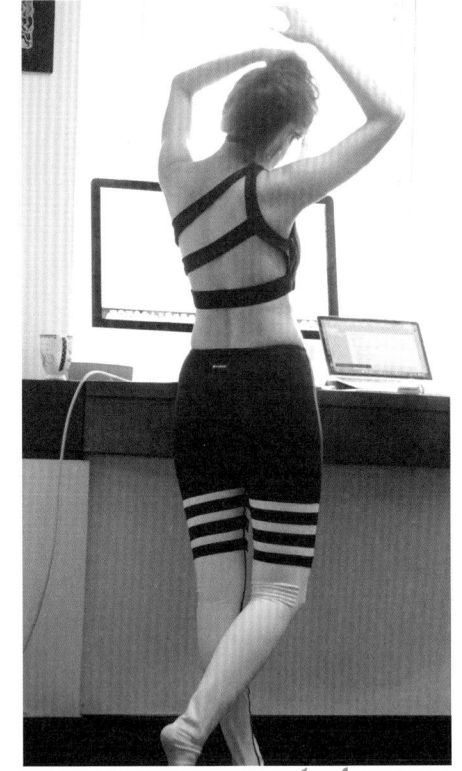

Heart
Speaking

# i

experiencing the power of now is orgasm...

體驗當下的力量是

高潮時

高潮時，我所有的能量都是專注在當下，大腦完全沒有主導權，
最深刻的當下，那個當下充滿著愛。

# ii

you

unique

unreplaceable

incredible

incomparable

a piece of art

love yourself as who you are...

妳你是

唯一

無法取代

令人驚豔

無可比較

如一件藝術品

愛妳你真正自己

我漸漸愛上我自己,那是一個非常美妙的感覺,
我是一件藝術品,我是唯一,
我是無法取代的,我是超凡的,我是無法被比較的,
我愛我自己現在的全部。

# iii

———

smile at your heart

the world smiles to you...

對妳你的心微笑

世界對妳你微笑

微笑是世界的語言，微笑是發自內心的，
心笑了，我眼中的世界也跟著微笑。

# iv

———

silence your ego

inner silence arises...

將小我靜音

內在寧靜升起

我的小我常常怕我沒留意到他的存在，敲鑼打鼓要引起我的注意，
我固執，自以為是，恐懼，焦慮都是小我的聲音太大了。
小我的聲音靜下後，我開始感受到內心的平靜、自在。

# V

mind and heart are single

they tell me they

in romance relationship

in alignment

i smile and hug them both...

心智與心都是單身

他們告訴我

他們正在談戀愛

他們調和一致

我微笑地擁抱他們

我是常用心智分析評判對錯，好與不好，而忽略我心的聲音。
我的心與心智結合時，我興奮地將他們擁抱在一起，
他們本來就在一起，是我挑起戰爭，把他們拆散了。
我答應他們，我不會再拆散他們。
我的心與心智戀愛後，我日子變輕鬆了。

# vi

your fingers caress each inch of my skin

your lips kiss my tongue and nipples

an intense surge

the energy merges

we in love

we oneness...

你的手指愛撫我每一吋肌膚

你的唇親吻我的舌跟乳頭

一股強烈的奔放

能量結合

我們在愛中

合而為一

你的吻，你的輕觸，我的身體迎接你的降臨，你的能量進入我的身體，
我的能量沐浴著你，愛在我們的身體流動，我與你是一體。

# vii

―――

you have wings

fly high to have wide vision

when you land

ground like a tree

connect with mother earth...

妳你有一雙翅膀

飛到高處

為寬闊視野

當妳你著地時

穩穩地像一棵樹

與地球母親連結

　　我在高處，視野更廣，自己抽離苦難悲傷的角色，
在一個高度用旁觀者的視角觀察自己及他人的反應，
　　　　一切都清楚了，落地回到自己的角色。
　　此時的我像一棵樹，即使大風大雨我都不動搖，
　　　　在地球母親的懷抱裡，我臣服了。

# viii

———

hands

breast

nipples

legs

sensation

wet and smooth

waves and vibrations

breath and sound

time with myself

delicious and pleasure

手

乳房

乳頭

腿

感知

溼滑

起伏的震動

呼吸的聲音

與我自己相處的時間

美味歡愉交織

我會取悅自己，撫摸自己的身體，
我跟自己在一起的時候，我的慾望得到了滿足，
我愛我的身體，我瘋狂愛上我自己。

# ix

you are a new person moment to moment

it's a choice...

每一刻妳你都可以選擇成為全新的人

人生的每一刻，我選擇如何在宇宙的空間展現自己，
可以垂頭喪氣，可以昂首闊步。
我總是有機會用新的姿態不斷重啟人生新的模式。

# X

——

the shadow

the darkness

if patient enough

the light behind

you are light

no shape

unveiled...

陰影

黑暗

如果有足夠耐心

光就在後方

妳你是光

沒有形體

無法遮蔽

我是光，我一直都是，只是還沒展現出來，但現在你已經看到我。

# xi

———

a bowel filled with tear and the past

you drop the bowel

not care anymore...

碗中裝滿眼淚跟過去

從妳你的手中滑走

再也不在乎了

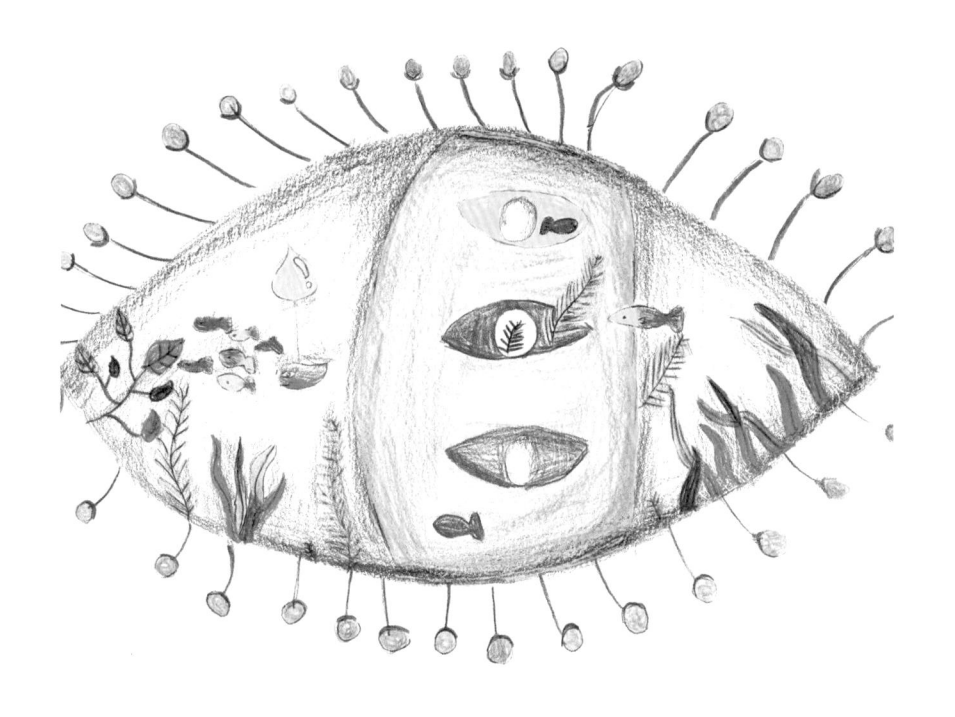

流過的眼淚、記憶裡的心痛，
把他們放在一個碗裡，我以為我捨不得丟掉它，
但是我現在一點都不在乎了。我想緊握的是當下。

# xii

——

if never enough

why chase

if never fulfilled

why chase

standstill

standstill

let love wash never off

if never chase...

如果永不足夠

為何追逐

如果永不滿足

為何追逐

別動

別動

讓愛洗滌「永不」

如果永不追逐

為什麼要不斷地追尋，我想站在我現在的位置，欣賞周圍的風景，
然後在世事變化的流動裡，享受每一刻，我現在擁有的已足夠。

# xiii

breathe in

acceptance

breathe out

giving

able to breath

a gift...

吸氣是

接受

吐氣是

給予

能夠呼吸

是禮物

我不能呼吸時，以為我的生命要消失了。
能夠呼吸是天賜的禮物， 我珍惜我的存在，我的呼吸，我可以給予。

# xiv

recipe of life

input

output

LOVE

生活祕譜

輸入

輸出

愛

愛是一種氣場（aura），
用愛穿透每一個人的心，用愛過喜樂生活，用愛贏得全世界。

# XV

――

in different stages of life

you leave

i stay

i leave

you stay

we all doing well

在人生不同階段

妳你離開

我留下

我離開

妳你留下

我們都過得很好

鳥媽媽在我種的樹上築巢，
我們相遇時，鳥寶寶還只是個生命的開始，
大雷雨來前他們已經飛走了，我一直期盼可以再見到他們，
我想他們悄悄來探望過我，但我不認得。
他們離開後，我過得很好，我相信他們也是。

# xvi

love to yourself

simply

hug yourself

say thank you...

給自己愛

很簡單

擁抱自己

說謝謝

用雙手抱住自己的身體，溫柔地看著我自己，
我感謝我自己的勇敢，勇氣，謝謝我的身體，
不論我在任何的情緒下，我的身體就像堡壘，
守護著我的能量，我的靈魂。

# xvii

——

水

最柔軟的物質

滴穿最硬的石頭

女人是水

最柔軟的身段

穿透最硬的剛強……

女人是水做的，我深刻體悟到什麼是神性女性能量，
用溫柔之氣，柔水之力，讓別人不知不覺中，完全臣服。

# xviii

the heart with abundance of love

is the most beautiful place in the world...

充滿愛的心

是世界最美的角落

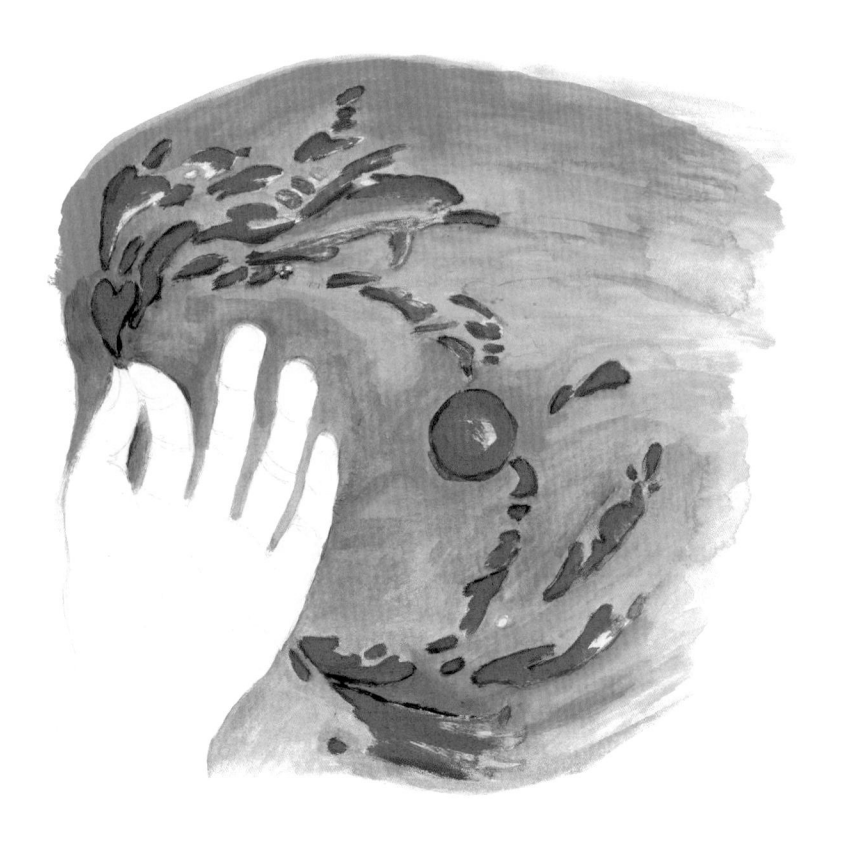

我到過的每一個地方,都在相片中。
那天我去拜訪充滿愛的心,我沒有帶走照片,我帶走滿滿的愛,
我知道我隨時都可以拜訪她,因為充滿愛的心就在我的身體裡。

# xix

———

who kidnaps your inner child

look at mirror...

誰綁架妳你的內在小孩

照照鏡子就知道

我的內在小孩，被綁架，被我綁架了。
強迫妳玩大人的遊戲，在大人噁心的世界，假裝自己不是小孩，
我沒留意妳在哭泣，對不起，我們回家吧，
我答應妳讓妳繼續當快樂的小孩。

# XX

———

everyone in your life is a passerby

only the relationship with yourself stays towards the end...

每一個人在妳你的生命都是過客

只有妳你跟自己的關係是永遠

你是我生命的過客，
幾秒、幾分鐘、幾小時、幾天、幾星期、幾個月、幾年？
你可以愛我多久？只有我跟我自己的關係是一輩子，
我已經跟我自己結婚，我深信我會愛我自己直到最後。

# xxi

———

comparison to others is

the no。1 killer of

your greatest intelligence...

與別人比較

是扼殺妳你最大天賦的頭號殺手

我不想被自己關在籠子裡，我要飛翔，我要自由。
「停止比較，停止嫉妒」，我給心智下了這道指令。

# xxii

being open to injury

vulnerability is your biggest strength...

敞開心接受傷害

表露脆弱是妳你最強的勇氣

我不想表露出來我的脆弱，
但當我不偽裝自己堅強時，是最貼近內心深處的我，最美麗的真我。
張開雙臂擁抱傷害，展現脆弱的勇氣讓我更強壯。

# IV

炯炯女神的信息

Message from
i·Goddess

# 親愛的妳你：

——

妳你存在時，我已經到臨。

我想著我們會如何相遇，何時相遇，雖然我不知道妳你是男生還是女生，但我知道妳你一定是個心地善良，滿腹熱情，充滿智慧，充滿愛的人。

那天與妳你擦身而過，妳你並沒有留意到我，我跟妳你揮揮手，想引起妳你的注意，但妳你匆匆地轉身。這是我第一次離妳你這麼近。妳你離去後我興奮了很久，我知道我已與妳你越來越近。

我以為再過幾天我們又會不期而遇，我期待那奇幻的相遇時刻。我等著、等著，幾個月、幾年過去了，我依然沒遇見到妳你。我開始寫信給妳你，我想你妳一定沒看懂我的信，這麼久了，我們的共同語言已經消失。

妳你想自殺時、妳你被性侵時、妳你患憂鬱症時、妳你身體受傷時、妳你愛的人離開時、妳你不停流淚時、妳你充滿不安及恐懼時，妳你生病時……我都在妳你身邊陪伴著妳你，我想盡辦法讓妳你感受我的存在，但妳你都沒察覺。

那天，我如往常四處閒晃，突然被掉進一個黑色的洞，我馬上就知道那是妳你的身體。我很開心，在不經意下終於與妳你相遇，但我發現

妳你的心是空的。妳你沒了激情、沒了自信、沒了愛、沒了靈魂、沒了創造力、沒了自在、沒了平靜、沒了健康。

我知道發生在妳你身上的所有事，即使發生這麼多事，即使妳你一身傷，即使妳你想放棄，但妳你還是一直咬牙堅持著，努力成為更好的自己。我為你妳驕傲！

妳你已經漸漸轉化，妳你的覺知越來越敏銳，妳你的振頻正在揚升，妳你開始懂得分享，懂得愛自己，懂得感恩。請妳你一定要相信宇宙愛妳你，妳你是宇宙的一部分，所以宇宙沒有理由不愛自己的那一部分。

妳你好，我是炯炯女神。與你妳相遇，是宇宙最美妙的安排。

Celine Liao

凱特文化 YOU CAN 29

# 我是如何瘋狂愛上自己？

作　　者　廖珮岑 Celine Liao
發 行 人　陳韋竹
總 編 輯　嚴玉鳳
主　　編　董秉哲
封面攝影　Jessie Reo
內頁攝影　Billie Bi、Celine Liao、Jessie Reo、Ryan Liao、Saptarshi Mukerji、Susan Chen
封面手寫字　Celine Liao
文　　字　Saptarshi Mukerji（「食物的真面目 Reality of Food」）
翻　　譯　Lily Chou（「食物的真面目 Reality of Food」）
插　　畫　April Tse、Celine Liao、林榆諼（Shiny）、林歆苡（Sasha）
封面設計　adv.副詞
版面構成　adv.副詞
行銷企畫　黃伊蘭
感　　謝　Aldo Privileggi、Cher Yang、天使（Angels）、觀音（Avalokiteśvara）、巴夏（Bashar）、Edward Bunker、Friends from Landmark、Pei Pei Liao、Pooja Shirasi、周清源（QY）、Ralph Smart、薩古魯（Sadhguru）、Simon Stidever、Yeshma Sawlani
出　　版　凱特文化創意股份有限公司
地　　址　新北市236土城區明德路二段149號2樓
電　　話　02-2263-3878
傳　　真　02-2236-3845
讀者信箱　katebook2007@gmail.com
部 落 格　blog.pixnet.net/katebook

經　　銷　大和書報圖書股份有限公司
地　　址　新北市248新莊區五工五路2號
電　　話　02-8990-2588
傳　　真　02-2299-1658
初　　版　2019年3月3日
定　　價　新臺幣300元



國家圖書館出版品預行編目資料
我是如何瘋狂愛上自己？／廖珮岑 著.
——初版.——新北市：凱特文化，2019.03　196面；15×21公分.
（YOU CAN；29）ISBN 978-986-97345-0-9（平裝）
1. 靈修　2. 自我實現　192.1　108000455

戰士化身
**炯炯女神**
Warrior to i·Goddess

# 我是如何瘋狂愛上自己？
HOW AM I CRAZILY IN LOVE WITH MYSELF

**CELINE LIAO**